ISBN 978-0-364-45424-4
PIBN 11027618

This book is a reproduction of an important historical work. Forgotten Books uses state-of-the-art technology to digitally reconstruct the work, preserving the original format whilst repairing imperfections present in the aged copy. In rare cases, an imperfection in the original, such as a blemish or missing page, may be replicated in our edition. We do, however, repair the vast majority of imperfections successfully; any imperfections that remain are intentionally left to preserve the state of such historical works.

Beihefte

zur

Zeitschrift für die alttestamentliche Wissenschaft

VI.

JUN 5 1969

Išô'dâdh's Stellung

in der

Auslegungsgeschichte des Alten Testamentes,

an seinen

Commentaren zu Hosea, Joel, Jona, Sacharja 9—14

und einigen angehängten Psalmen

veranschaulicht

von

Lic. Dr. G. Diettrich

Pfarrer an der Heilandskirche zu Berlin, früher in London.

Giessen

J. Ricker'sche Verlagsbuchhandlung

(Alfred Töpelmann)

1902.

Wir bitten um gefl. Beachtung des beigehefteten Prospektes.

Beihefte

zur Zeitschrift für die alttestamentliche Wissenschaft.

Jastrow, M., jr., Professor an der Universität in Philadelphia.

Die Religion Babyloniens und Assyriens.

Deutsche Übersetzung.

Lidzbarski, M., Dr., Privat-Docent an der Universität Kiel.

Ephemeris für semitische Epigraphik.

I. Band.

Siehe den beigehefteten Prospekt und 2. und 4. Seite dieses Umschlages.

G. Diettrich

Išô'dâdh's Stellung

in der Auslegungsgeschichte des Alten Testamentes.

(Beihefte zur Zeitschrift für die alttestamentliche Wissenschaft VI)

5

Drei Ältesten der deutschen evangelischen Gemeinde
zu Sydenham-London,

dem Wirkl. Geh. Legationsrath u. Kaiserl. Generalkonsul

Freiherrn von Lindenfels

und den beiden Kaufherren,

Herrn Hermann Koenigs

und

Herrn J. P. Werner,

in dankbarster Verehrung

Der Verfasser.

Vorwort.

Die vorliegende Arbeit verdankt ihre Anregung der zufälligen Entdeckung einiger Citate aus Theodor von Mopsuestia beim ersten flüchtigen Blick in Išô'dâdh's Commentar zum Alten Testamente. Die dabei auftauchende Vermutung, dass in einem nestorianischen Commentare auch sonst noch Theodor'sches Eigentum verborgen sein könnte, hat sich als zutreffend erwiesen. Durch Vergleichung der hier zum ersten Male veröffentlichten Abschnitte aus Dodekapropheton und Psalter mit Theodor resp. dessen nestorianischem Excerptor ist's über allen Zweifel erhoben worden, dass Išô'dâdh im weitesten Umfange Theodor'sches Eigentum verwertet hat. Dass sein Commentar um des willen als ein unschätzbarer Ersatz auch für manchen verloren gegangenen alttestl. Commentar des grossen Mopsuesteners angesehen werden darf, kann am besten an Išô'dâdh's Auslegung zum Buche Job gezeigt werden.

Nun hat freilich unsere literarkritische Untersuchung ausser Theodor auch noch andere Väter als Vorlagen Išô'dâdh's nachgewiesen. Und dieser Thatbestand wird demjenigen, der nur nach Theodor'schen Fragmenten sucht, um der daraus entstehenden Schwierigkeiten willen als Mangel erscheinen. Ich hoffe indess, dass dieser Mangel sich als Vorzug darstellen wird, wenn man an den mitgeteilten Proben die Beobachtung macht, dass Išô'dâdh's Quellen in zahlreichen Fällen nestorianische Väter gewesen sind, und dass sein Commentar aus diesem Grunde als eine wahre Fundgrube bisher noch völlig unbekannter exegetischer Traditionen gepriesen werden muss.

Um Išôʿdâdh's Bedeutung für die Auslegungsgeschichte
des Alten Testamentes möglichst allseitig zu beleuchten,
habe ich auch sein Verhältnis zu Paul von Tellâ (Syrohexaplaris), Hanânâ von Ḥĕdhayâbh und Gregorius Barhebraeus untersucht. Die Untersuchung war der Mühe wert.
Sie hat zum ersten die bisherige Annahme von der unbe-
schränkten Alleinherrschaft der Pešittâ in der nestorianischen
Kirche als unhaltbar erwiesen. Sie hat zum zweiten zu
der Erkenntnis geführt, dass Išôʿdâdh unter seinem Yaunayâ
sowohl den Syrolucianus eines älteren Unbekannten, als
auch den Syrohexaplaris des Paul von Tellâ citiert. Sie hat
zum dritten gezeigt, dass Išôʿdadh das grosse exegetische
„Reformunternehmen" des Ḥanânâ von Ḥĕdhayâbh erfolgreich
wieder aufgenommen und damit der allegorischen Schriftauslegung neben der grammatisch-historischen innerhalb der
nestorianischen Kirche zu gleichem Rechte verholfen hat. Sie
hat zum vierten — wenigstens für das Dodekapropheton —
Išôʿdadh als Vorlage für die Scholien des Dionysius bar Ṣalîbhî
und Gregorius Barhebraeus und damit als Vorlage für die vor-
nehmsten monophysitischen Exegeten des Mittelalters erwiesen.

Išôʿdadh's Commentar zum A. T. ist also, wenn wir
die gewonnenen Resultate auf das ganze A. T. verallge-
meinern dürfen, einer der hervorragendsten Knotenpunkte
in der Auslegungsgeschichte des A. T.'s. Er hat in text-
kritischer und exegetischer Beziehung die Grundsätze der
Jakobiten in die nestorianische Kirche herübergenommen
und ist so die Brücke geworden, auf der Theodor von Mopsuestia in die monophysitische Kirche hinübergehen durfte.

Noch bemerke ich, dass Lietzmann's Notiz über den
Psalmencommentar Theodor's von Mopsuestia im Pariser
Codex Coislianus 12 (Sitzungsberichte der Kgl. Preuss. Ak. d.
Wissensch. 1902 XVII) erst am 10. April 1902 ausgegeben
worden ist. Hätte ich während der Zeit meines Pariser

Aufenthaltes (Juli und August 1901) gewusst, was ich durch sie erfuhr, so hätte ich natürlich noch einige umfassendere Stücke aus Išô'dâdh's Auslegung zu Pslm. 32—60 veröffentlicht und mit dem genannten Codex verglichen. Ich wäre dann vielleicht für den Psalter hinsichtlich des Theodorschen Eigentums zu denselben gesicherten Resultaten gekommen, wie für das Dodekapropheton.

Zum Schluss noch einige Worte des Dankes. Sie gebühren zunächst der Bibliothek des British Museum in London und der Bibliothèque Nationale in Paris für gastfreundliche Aufnahme in ihren Handschriftenabteilungen, sodann aber auch der Kgl. Bibliothek in Berlin für die Übersendung des Ms. Sachau 215 nach dem Indian Office in London und der Bibliothek des griechischen Patriarchates in Jerusalem für die Erlaubnis zur photographischen Aufnahme der hier veröffentlichten prophetischen Abschnitte aus dem Ms. Κοικυλιδης No. 10. Das Entgegenkommen der beiden zuletzt genannten Instanzen verdanke ich der freundlichen Empfehlung der Herren Prof. D. Dr. Baethgen-Berlin und Propst Hoppe-Jerusalem. Den tiefsten Dank schulde ich dem Altmeister der syrischen Grammatik, Herrn Prof. Dr. Nöldeke-Strassburg, der die ausserordentliche Güte besass, Text und Übersetzung dieser Veröffentlichung noch einmal im Correkturbogen zu prüfen. Ich versuche im Einzelnen aufzuzählen, was ich an sachlichen Richtigstellungen ihm verdanke: An 19 Stellen hat er den handschriftlichen Text emendiert: pag. 7[3], 35[4], 43[5], 59[1], 73[1], 83[3], 95[3], 111[7], 113[2], 117[1], 133[4 u. 7], 137[2], 139[1], 149[3], 159[2 u. 5], 161[2], 163[2]. An 3 Stellen, wo die Schreibung der Handschrift mir zu undeutlich war, hat er die richtige Lesart gehoben: pag. 11, Z. 6: ܚܡܝܪܐ (ein Wort); pag. 23, Z. 10: ܠܣܘܝܐ; pag. 41, Z. 2: ܚܣܝܘܬܐ Für folgende Worte hat er die richtige Übersetzung gegeben: pag. XXII, Z. 8 und pag. 94, Z. 3: ܦܠܓܐ = Parteien; pag.

XX, Z. 24 und pag. 108, Z. 11: ܠ ܡܠܘ = stimmt überein mit; pag. 24, Z. 23: ܐܡܪ ܡܠܚ = machte Rebellion; pag. 54, Z. 9: ܟܠܐܘܡܡܛ = die Scythen; pag. 64, Z. 12: ܣܓܪ = Šigar = Šingara; pag. 76, Z. 7: ܘܒܚܕܐ = zur Stunde, jetzt noch; pag. 82, Z. 23: ܡܠܐܡ = wild erregt, verrückt, daemoniacus; pag. 88, Z. 24: ܡܕܬܡ = betrübt; pag. 94, Z. 9: ܢܣܘܠܪ = φραχθήσεται, wird sich schliessen; pag. 106, Z. 5: ܪܐܙܢ(= Stolz, das, womit man prunkt; pag. 122, Z. 23: ܡܚܬܢ = mit Käse versehen. Ausserdem hat er mir die Konstruktion vorgeschlagen zu pag. 12, Z. 12 f; 38, Z. 12; 68, Z. 3 ff; 76, Z. 18 f; 86, Z. 6 f und 18 f; 94, Z. 20 f; 106, Z. 21; 118, Z. 2; 128, Z. 4 f und 15; 134, Z. 3 f; 138, Z. 28 ff; 140, Z. 22 und 24; 142, Z. 3 f; 148, Z. 22 ff. — Die verehrten Herren, denen ich diese Studie gewidmet habe, sind mir unentbehrliche Gehülfen beim Aufbau des Reiches Gottes unter den deutschen Landsleuten in London gewesen. Ohne die liebevolle Förderung, die sie allen meinen pastoralen Bemühungen in und ausserhalb der deutschen evangelischen Gemeinde zu Sydenham haben zu teil werden lassen, wäre mir die jahrelange Verbindung wissenschaftlicher Studien mit den Aufgaben des geistlichen Amtes ein Ding der Unmöglichkeit gewesen. Wenn derselbe Geist des gegenseitigen Sichförderns und -ergänzens auch alle kirchlichen Gemeindekörperschaften des Vaterlandes beseelen würde und die dadurch freier werdenden theologischen Kräfte sich mehr ernsten wissenschaftlichen Arbeiten als kirchlichen und nichtkirchlichen Parteikämpfen widmen wollten, brauchte das Ansehen der evangelischen Kirche im Grossen und der Aufbau des Gemeindelebens im Kleinen wahrhaftig nicht zu leiden.

Berlin,
am Feste der Himmelfahrt
Jesu Christi 1902.

G. Diettrich.

Einleitung.

§ 1.

Išô'dâdh.

Išô'dâdh von Marû oder Merw [1], Bischof von Ḥĕdhathâ, am Tigris, wurde nach den Angaben des arabischen Historikers 'Amr [2] im Jahre 852 als der grösste Gelehrte unter den nestorianischen Bischöfen von 'Abhrâhâm bar Nôăh dem Chalifen Mutawakkil für die Wiederbesetzung des lange erledigt gewesenen Katholikates empfohlen, aber infolge der Wahlumtriebe eines gewissen Bokht-îšô' zu Gunsten von Theodosius, Bischof von 'Anbar, zurückgewiesen.

Das ist das Einzige, was wir bis jetzt von den äussern Lebensverhältnissen Išô'dâdh's wissen.

Über seine schriftstellerische Thätigkeit berichtet 'Abhdîšô' in seinem Kataloge [3]:

ܣܘܟܝ̈ ܕܡܠܟܢ ܕܝܘܡܬܐ

ܗܘ ܗܢܘܗܝ ܕܐ ܕܣܝܒ̈ܠ

ܘܩܡܝܠ ܗܘܕ ܕܟܬ ܡܘܠܟܙ

ܟܥܐ ܚܝ̈ܡܠ ܕܦܘܣܩܬܐ

D. h. „Išô'dâdh, von demselben Orte (wie der kurz vorher erwähnte Mâr Šĕlîmôn, Bischof von Ḥĕdhathâ) schrieb eine Auslegung des neuen (Testamentes) und das Buch der Bêth mautbê in knappen Sätzen". Die auf der Königlichen Bibliothek zu Berlin (Sachau 311) und auf der Bibliothek der Society for promoting Christian knowledge

---

[1] Marû oder Merw ist eine Stadt in der Landschaft Chorasana cfr. Assem. B. O. III, 1. pag. 147.

[2] cfr. Assem. B. O. III, 1. pag. 210—12.

[3] cfr. Assem. B. O. III, 1. pag. 210—12.

in London vorhandenen Handschriften bestätigen die Richtigkeit dieser Angaben bezüglich des neuen Testamentes. Hinsichtlich des alten Testamentes hat schon W. A. Wright[1] auf Grund eines kleinen Fragmentes der Bibliotheca apostolica vaticana (Cod. 457) einen Irrtum 'Abhd-îšô's vermutet. Die beiden Handschriften British Museum Or. 4524 und Jerusalem Κοικυλιδης No. 10 zeigen uns, dass Išô'dâdh in der That nicht nur die Bêth mautbê, sondern auch die 'Oraitâ, die Nĕbhiyê und den Dâwîdh d. h. das ganze alte Testament ausgelegt hat.

§ 2.

Beschreibung der Handschrift British Museum Or. 4524.

Die Handschrift Or. 4524 ist eine der neuesten und wertvollsten Erwerbungen des British Museum.[2] Sie besteht aus 330 ziemlich starken Papierblättern, die sich auf 29 Lagen von je 10, auf vier Lagen (No. 1. 2. 11. 16) von je 9, und auf eine Lage (No. 34) von 4 Blättern verteilen. Ihre Höhe beträgt circa 29, 5 cm., ihre Breite circa 20 cm. Sämmtliche Lagen sind, abgesehen von der letzten, die von dem Schreiber als noch unvollendet angesehen wurde, auf dem unteren Rande (in der Mitte) ihrer ersten und letzten Seite mit syrischen Buchstaben numeriert. Paginierung fehlt noch. Die tiefschwarze Konsonantenschrift, die hie und da von nestorianischen Vokalen, sowie auch von Rukâkhâ und Qušâyâ begleitet wird, ist ziemlich eng (circa 36 Zeilen auf der Seite), aber trotzdem sehr deutlich. Sie gehört nach dem Urteil von G. Margoliouth dem 17. oder 18. Jahrhundert an. Dass das Altsyrische um

---

[1] cfr. Encyclopaedia Britannica, Edit. IX, vol. 22, pag. 848.
[2] Im kleinen Handschriftenverzeichnis von G. Margoliouth (London 1899) ist sie auf Seite 45 f. eingetragen.

diese Zeit nicht mehr lebende Sprache war, beweist die grosse Zahl von Schreibfehlern und Wortauslassungen, auf die wir in § 3 näher eingehen werden.

Die Über- und Unterschriften der einzelnen biblischen Bücher sind mit roter Tinte geschrieben und vielfach durch Einfluss von Feuchtigkeit auf die gegenüberstehenden Seiten abgekleckst. Rasuren finden sich im Allgemeinen nicht. Nur das in den roten Überschriften auftretende Wort Išô'-dâdh hat man zu tilgen versucht. Doch ist es ganz oder teilweise stehen geblieben auf fol. 107a, 162b, 190a, 209a, 247a, 281b. Die Handschrift ist im Allgemeinen noch vollständig erhalten. Vor den Folios 156 und 323 ist indess je ein Blatt herausgenommen. Auf jenem stand das Vorwort zu den Proverbien (dem ersten Buche der Weisheits-litteratur!), auf diesem die Auslegung des 118. Psalms. Ich vermute, dass Išô'dâdh hier Äusserungen gethan hatte, die ihm bei gewissen Nestorianern den Vorwurf der Hete-rodoxie eintrugen. Der Versuch, den Namen Išô'dâdh's durch die ganze Handschrift hindurch auszumerzen, würde in dieser Beleuchtung besondere Bedeutung gewinnen.

Obwohl die auf fol. 1b beginnende Überschrift zu dem ge-sammten Werke in ihrem gegenwärtigen Zustande unleser-lich ist, lehrt doch schon die oberflächlichste Betrachtung der Handschrift, dass wir es hier mit einem Kommentare zum A. T. zu thun haben, der, wie die Überschriften der einzelnen Bücher noch deutlich erkennen lassen, als geistiges Eigentum des nestorianischen Bischofs Išô'dâdh von Ḥědha-thâ angesehen zu werden wünscht.

Das Werk beginnt mit einer Einleitung (fol. 1b—3b, Zeile 26), die in ihrem ersten Teile nach dem Vorbilde von Epiphanius (de mensuris et ponderibus I—IV) über die Entstehung der hebräischen, griechischen und syrischen

Bibel berichtet, in ihrem zweiten Teile dagegen unter ausdrücklicher Angabe der Quelle (Diodorus Siculus, βιβλιοθήκη
ἱστορικὴ) den Ursprung der hebräischen, phönicischen,
griechischen, syrischen und persischen Schriftzeichen erzählt.
Da es für den Verlauf unserer Untersuchung von Wichtig-
keit sein wird, zu wissen, was Išôʻdâdh von LXX und
Pešittâ wusste, so sei hier ein Passus aus dieser Einleitung
wiedergegeben.

Fol. 2a, Zeile 10ff lesen wir:

ܘܗܐ ܐܘܢ ܝܫܘܥ ܥܠ ܝܕ ܚܢܢܝܐ. ܘܘܝܡ ܟܡܠܬܐ ܘܦܝܡ
ܡܐܙܢ. ܚܣܩܪܐ ܘܝܐܘܘܢܝܐ ܘܘܡܘܚܩܐܢܐ. ܘܗܐ ܚܘܡܝܐ ܚܢܡܐ
ܡܒܝܡܐ ܡܥܒܘܢܐ. ܠܐܙܢ ܘܦܝܝܡ ܘܡܥܚ ܗܩܢܐ ܡܪܝܡ ܡܪܝܡ ܘܚܘܥܟܝ
ܡܥܡܚܣܝܩܐܠܐ ܘܠܥܠܡ ܟܡܝܪܗܦܝܬܐܠ. ܪܝܗ ܗܘܥܡܐ ܘܠܐܡܙ
ܘܘܡܥܡܐܠ. ܘܗ. ܥܠܬܝܟܚ ܗܣܥܐ ܐܘ ܗܙܐ. ܐܡܐ ܝܝ ܝܠܥܚܝܟ
ܗܙܐ. ܡܝ ܠܐܘܠܡ ܘܚܚܢܝܐ ܚܥܡ ܪܘܬܝ ܡܟܠܬܢܥܝ. ܚܡܘܗܘܐܥܣܐ
ܘܝ ܐܠܐܗܣܗܘ ܡܟܠܬܐ ܐܡܪ ܠܥܬܝ ܘܗܡܐ. ܐܘܝܠܐܠ ܠܟܡ ܡܣܗܘܚܚܙܢܘ
ܡܣܩܠܝܠ ܘܝܚܗܐ ܡܣܡܗܘܐܝܠܐ ܘܪܘܡ ܗܩܟܠܐܠ ܘܗܗܘܟܠܟ ܡܥܐܠܙܐ
ܗܣܝܝ ܗܐܗܣܗ. ܗܪܚܝܗܗ ܘܥܡܚܣܗܗ ܗܥܡܗܡܐ ܘܝܣܝܡ ܘܣܥܗܘ ܡܟܠܡܐ
ܙܘܘܗ. ܘܡܟܠܬܐ ܝܝ ܘܥܙܢܡܐ. ܘܚܥܡܥܡܐܠ ܐܡܣܝ ܘܘܣܝܠܐܠ. ܗܪܚܝܗܗ
ܘܐܚܝܝܙ ܗܠܟܝ ܐܘܘܗܣ. ܚܪܘܝܥܥܗܐܠܐ ܘܐܘܘ ܘܪܘܢܡܐ ܘܥܠܬܢܣܐ.[1]
ܐܗ ܐܣܬܢܐ ܐܣܘܢܠܣܐܠܗ ܐܦܘܢܝ ܘܗ ܘܗܡ ܣܝ ܡܝ ܡܬܘܢܐ ܘܠܐܡܙܢ ܐܗܣܐ
ܘܗܝܪܘ ܡܟܠܡܐ ܐܠܗܘܢܐ ܠܗܡܗܢܝ ܐܠܐܗܣܗܘ. ܚܠܐܘܡܝ ܝܝ ܪܘܘ ܟܚܗܒܝܚ

---

[1] Der durch >> .... << bezeichnete Passus ist allerdings schon
von Gabriel Sionita im Vorwort zu seinem Liber Psalmorum (Parisiis
1625) aus dem römischen Fragment (Bibl. Vatic. Syr. 457) veröffentlicht
worden, ich setze ihn aber noch einmal hierher, weil er in dieser ersten
Veröffentlichung wohl nur auf wenigen europäischen Bibliotheken noch
zugänglich ist. Eine Übersetzung dieses Passus findet sich schon bei
Martin, Introduction à la critique textuelle du Nouveau Testament Paris
1882/83, Partie théorique pag. 99, woselbst leider fortwährend der Name
Išôʻdâdh in Ichouhad entstellt ist.

ܘܚܡܫܝ ܘܐܪܒܥ ܡܐܟܬܐ ܝܘܡܝ ܘܚܠܝܣܥܐܐ. ܡܢ ܐܦ ܗܘܐ ܘܚܢܝܣܥܝ
ܚܡܪܘ؟ ܘܠܚܘܘܗ ܡܚܐܡܝܠ ܐܣܪ ܚܚܬܐ ܘܡܘܢܬܐ ܘܐܦ ܚܡܬܝ
ܘܐܬܝ ܚܚܬܪ؟ ܚܙܪ؟ ܐܠܗܘܐ ܚܡܐܠܐ ܣܘܡܐܐ ܠܩܘܡܐ ܘܚܢܝܠܐ؟. ܗܥܗܐ. ܐܠܚܐ
ܘܝܗܪ:

Übersetzung: „Und auch Origenes lernte das Hebräische
und übersetzte[1] die (heil.) Schriften und verglich und verbesserte durch Punkte, Obelen und Asterisken. Und auch
Lucian, der Asket und Heilige und Märtyrer, verbesserte
und verglich und beseitigte allerlei Irrtümer, die in den
genannten Überlieferungen (scil. der LXX, des Aquila,
Symmachus, Theodotion etc.) waren, und überlieferte (sein
Werk) den Christen.[2] Das ist die Übersetzung, die Hexapla
genannt ward, d. h. sechs Texte oder Columnen. Es kommt
aber vor, dass sie achtfach, weil zwei (Columnen) des Hebräers
zu ihnen hinzugefügt werden. Ins Syrische aber wurden die
(heiligen) Schriften nach Ansicht einiger in folgender Reihenfolge übersetzt: Das Gesetz, Josua der Sohn Nuns, die Richter,
Ruth, Samuel, David, die Sprüche, der Prediger, das Hohelied und Job zur Zeit Salomos auf Bitten seines Freundes
Hiram, des Königs von Tyrus. Die übrigen Schriften aber,
die des alten und neuen (Testamentes) zugleich, zur Zeit
'Abhgars, des Königs von Edessa, dank dem Eifer des 'Adhâi
und der übrigen Apostel. Andere sagen freilich anders,
d. h. sie seien von einem Priester, der 'Asiyâ hiess, den der
König von Assur nach Samarien sandte, übersetzt worden.
Darnach muss man aber wissen, dass es 22 Bücher des
alten (Testamentes) giebt, indem auch das Buch der

---

[1] Von einer Übersetzung der heil. Schriften kann bei Origenes
selbstverständlich nicht die Rede sein.

[2] Diese beiden letzten Worte klingen an das ἐξέδοτο τοῖς Χριστια-
νοῖς ἀδελφοῖς in dem Berichte der dem Athanasius zugeschriebenen
synopsis sacrae scripturae § 77 an, cfr. Migne Tom 28, col. 436B.

Chronik nach den Hebräern und Griechen in ihre Reihe mit eingerechnet wird. Und auch 22 Werke schuf Gott im Sechstagewerke der Schöpfung: Himmel, Erde u. s. w."

Der eigentliche Commentar zerfällt in vier Teile:

I. ܟܬܒܐ ܕܦܘܫܩܐ ܡܢ ܐܘܪܝܬܐ = Auslegung der 5 Bücher des Gesetzes.

    1. Gen. fol. 36—61a.
    2. Exod. fol. 61a—79a.
    3. Lev. fol. 79a—87a.
    4. Num. fol. 87a—96b.
    5. Deut. fol. 96b—107a.

II. ܦܘܫܩܐ ܕܒܝܬ ܡܘܬܒܐ = Auslegung des Sitzungsbuches.

    6. Jos. fol. 107a—112a.
    7. Jud. fol. 112a—119b.
    8. Sam. fol. 119b—138b.
    9. Reg. fol. 138b—155b.
    10. Prov. fol. 156a—162a.
    11. Sir. fol. 162b—169a.
    12. Eccles. fol. 169a—176a.
    13. Cant. fol. 176a—177b.
    14. Ruth. fol. 177b—180b.
    15. Job fol. 180b—190a.

III. ܦܘܫܩܐ ܕܢܒܝܐ = Auslegung des Prophetenbuches.

    16. Jes. fol. 190a—209a.
    17. Dodekapr. fol. 209a—233b.
    18. Jerem. fol. 233b—247a.
    19. Hes. fol. 247a—265a.
    20. Dan. fol. 265a—276a.

IV. ܦܘܫܩܐ ܕܛܘܒܢܐ ܕܘܝܕ = Auslegung des seligen David.

    21. Psalm. fol. 276a—330b.

Diese Einteilung des A. T.'s in die vier Gruppen: 'Oraitâ, Bêth Mautbê, Nĕbhiyâ, Dâwîdh scheint im 9. Jahrhundert Allgemeingut der Nestorianer gewesen zu sein. Finden wir doch dieselben Gruppen, in demselben Umfange, wenn auch in anderer Reihenfolge, schon einmal in der im Jahre 899 geschriebenen Masorahandschrift Mus. Brit. Add. 12138.[1] Uns, die wir vom hebräischen Kanon kommen, fällt dabei vor allem das Fehlen von Chronik, Ezra, Nehemia, Esther auf. Und wir verstehen es, wenn Išô'dâdh in der oben citierten Stelle seiner Einleitung nach dem Vorbilde der hebräischen und griechischen Zählungsweise wenigstens die Chronik als 22. Buch des A. T.'s irgend einer dieser 4 Gruppen eingefügt zu sehen wünscht. Išô'dâdh's Wunsch ist nur in gewissen Kreisen der nestorianischen Kirche in Erfüllung gegangen. Bei 'Abhd-îšô' z. B. (cfr. seinen Katalog bei Assem. B. O. III, 1, pag. 5) steht die Chronik unmittelbar hinter den Königsbüchern. In neueren Pešittâ-Handschriften hingegen (cfr. Mus. Brit. Or. 4397) finden wir sie zu einem 5. B a n d e mit folgenden Büchern vereinigt: Drei Bücher der Makkabäer, Chronik, Esra-Nehemia, Sapientia, Judith, Esther, Susanna, die Briefe des Jeremia und Baruch (Tobias).

Der eigentlichen Auslegung der einzelnen biblischen Bücher wird gewöhnlich eine Vorrede vorausgeschickt. Um Form und Inhalt dieser Vorreden wenigstens einigermassen zu veranschaulichen, zugleich aber auch einige wichtige Belegstellen für die weiteren Ausführungen zu bieten, gebe ich im Folgenden die Vorreden zu Cant. und Iob.

Die Vorrede zu Canticum beginnt auf fol. 176a, Zeile 13 und lautet also:

ܐܗ ܟܬܐܠܐ ܡܨܝ ܘܡܟܗܡܡܠ ܪܡܟܢܐܠ ܐܘܡܐ ܠܡܟܬܠ ܡܟܬܢܐܠ܂ ܟܡܡܡܢܫܐܠ ܘܡܕܝܦ܂ ܡ ܡ̇ܢ ܐܚܘܡܒ ܝܓܚ ܘܘܐ ܙܐܠ ܙܐܠ܂

---

[1] cfr. meine Massorah der östl. und westl. Syrer in ihren Angaben zum Propheten Jesaia (London 1899) pag. X.

Beihefte z. ZATW. VI.

D. h. „Auch das Hohelied d. h. das Lied der Lieder oder den Gesang der Gesänge hat er (Salomo) in Versmassen abgefasst, nachdem er von seinem Vater diese Art gelernt hatte. In ihm kommt weder der Name des Herrn,

---

¹ Ms. ܐܬܚܫܒܘ.

noch der Name Gottes vor. Und mannigfaltige Gedanken
hat man darüber. Der selige Ausleger (Theodor v.
Mops.)[1] samt allen, die in seinen Fusstapfen wandeln, beziehen
es auf die Tochter Pharaos. Denn da Salomo sich in seiner
Weisheit mit allen Königen, die um ihn herum (wohnten),
verschwägerte — nicht geschah das aus Fleischeslust, sondern erstens, damit er sich selbst und dem Volke Ruhe
verschaffte vor den Kriegen, zweitens aber damit er Musse
hatte zum Bau des Tempels und des königlichen Palastes
— so nahm er auch die Tochter Pharaos zu den Weibern.
Und da diese wie alle Ägypterinnen und Äthioperinnen
schwarz war und die schönen Hebräer und Hebräerinnen
samt den andern Königstöchtern sie wegen ihrer Hässlich-
keit und wegen ihrer kleinen Gestalt und wegen ihrer
schwarzen Farbe auslachten, so baute er, damit sie sich
in ihrem Innern nicht erzürnte und nicht etwa Feindschaft
zwischen ihm und dem Pharao, ihrem Vater, gesät werde,
ihr besonders das prächtige Haus aus schönen Steinen und
Gold und Silber und dichtete dieses Lied in Versmassen
auf sie. Und fortwährend beim Trinkgelage besang man sie
vor ihm, ihr zu Ehren. Und er thut kund, dass sie schwarz
und schön und von ihm geliebt ist. Aber Gregorius
von Nyssa[2] und Johannes Chrysostomus[3] und andre
stimmen damit nicht überein, sondern sie sagen sich: Wenn
es gesungen wurde auf die Tochter Pharaos, warum wurde
es (dann) mit diesen heiligen Schriften verbunden, die da
Glieder eines Leibes der göttlichen Heilsökonomie sind?

---

[1] cfr. aus den Akten des 5. ökumenischen Conzils Mansi IX,
col. 225 f.

[2] Zu Gregorius von Nyssa cfr. sein Proeemium ad Olympiadem,
das er seinem Commentar zum Hohenliede (Migne, Tom. 44 col. 756 ff.)
vorausschickt.

[3] Johannes Chrysostomus wird sich wohl in den verloren gegangenen
Partien seiner Synopsis sacrae scripturae darüber geäussert haben.

Ferner, heisst es, hat er das Lied ihr zu Ehren und ihr zum Ruhm gedichtet, oder ihr zur Schmach und ihr zur Schande? Und wenn man sagt: „Ihr zum Ruhm", sieh, wahrlich keine kleine Schmach ist an ihr erfunden worden. „Es haben mich", so sagt sie „die Wächter, die in der Stadt herumschweiften, gefunden; es haben mich geschlagen und verwundet, es haben mein Kleid (meinen Schleier) von mir genommen etc." (5, 8) „Und ich sprach: Die Palme will ich ersteigen und ihre Zweige ergreifen etc." (7, 9). Also war sie eine Hure, die in den Nächten auf den Strassen und Plätzen herumschweift, oder eine Wahnsinnige, die auf die Palmen und Bäume hinaufsteigt. Wiederum, wenn deshalb, weil er sie schwarz genannt hat: „Ich bin schwarz und schön, ihr Töchter Jerusalems etc." (1, 4), angenommen wird, dass (das Lied) auf die Tochter Pharaos gedichtet sei, die da schwarz von Farbe war, so nennt er sie doch ein wenig weiter unten Šîlumaitâ d. h. weiss und gelb, z. B. „Kehre um, kehre um Šîlumaitâ etc." (6, 12). Deshalb deuten es diese Erklärer auf Christum und auf die Kirche, die Tochter der Völker, (und sagen), dass es Salomo dem Psalm: „Sprudle, mein Herz, gute Worte" (Psalm 45, 1) nachgedichtet und angepasst habe, so dass sie beide auch ein Thema hätten: Der Bräutigam nämlich und König sei Christus, die Braut die Kirche, Salomo der Friede, die Töchter Jerusalems und die Jungfrauen die Seelen. So auch jenes: „Wir haben eine kleine Schwester, aber Brüste hat sie nicht etc." (8, 8). (Hier bedeutet) die Schwester die Seele, die eine Verwandte der geistigen Wesen ist. Die Brüste, die sie nicht hat, sind die Contemplation und die (Werk-)Thätigkeit, deren sie durch ihre Sünden und durch ihr Gefangensein im Leibe beraubt ist. Jenes: „Am Tage, da man mit ihr redet" (8, 8) heisst „am Tage, da sie gerichtet wird." Sie, die da, obgleich sie anfänglich

durch die Sünde, die dem Schwarzen gleicht, schwarz
war, trotzdem durch die allerheiligste Waschung und durch
den rechten Lebenswandel von ihrem Schmutz und ihrer
schwarzen Farbe zur weissen Farbe der Gerechtigkeit um-
gewandelt wurde und dergleichen mehr. Andere[1] hin-
wiederum deuten es auf Gott und die israelitische Gemeinde
nach der jüdischen Vorstellungsweise. Und weil die
drei Parteien (anerkannte) Lehrer und orthodox[2] sind, so
haben wir, damit man nicht von mir meine, ich wäre ein
Zerstörer der geistlichen Väter, dieses Lied den klugen
Gedanken überlassen, dass es von ihren eisernen Zähnen
wiedergekäut und von ihrer aller attischen Zungen ausgelegt
werde. Wir aber erklären nur die schweren Worte, die
sich darin finden".

Die Vorrede zu Iob beginnt fol. 180b, Zeile 10 und
lautet also:

ܠܘܡܠܐ ܕܝ ܐܣܕ ܐܠܗܘܣ ܗܘܐ ܐܣܪ ܡܣܒܠܘܥܠܐ ܘܡܚܕܝ
ܐܘܡܚܠܐ ܚܠܝܣܗܘ. ܗܡܝ ܚܡܢ ܡܠܝܚܕ ܚܘܣܠܐ ܚܡܘܚܡ
ܘܠܡܚܕܗ. ܘܐܘܠܐ ܠܚܡ ܣܘܚܕ ܗܘܗ ܚܕ ܪܐܣ ܒܣܥܣܠܐ ܕܝܡ ܐܚܙܘܡ.
ܡܝ ܠܐ ܚܣܡܘܬܢܠܐ ܘܠܠܐܗܡ ܡܝ ܚܚܙܢܠܐ. ܘܐܦܠܐ ܚܘܗ ܚܚܙܢܠܐ
ܡܠܒܚܪܐ ܗܘܐ. ܐܠܐ ܡܠܗܠܐ ܘܠܡܚܣܗ ܚܣܪܚܠܐ ܘܚܗܣܗ ܐܠܗ ܘܡܥܣܗ
ܣܘܚܕ. ܡܣܓܙܗ ܘܐܗ ܡܠܚܕܗ. ܘܩܘܘܝܗ ܐܣܕ ܚܕ ܪܐܣ ܚܕ
ܪܚܘܐܠܐ[3] ܚܕ ܚܣܗ ܚܕ ܐܣܡܣܗ ܚܕ ܐܚܘܗܡ. ܘܐܠܗܘܣ ܡܝ
ܚܕ ܚܠܬܠܐ ܘܚܣܗܣܚܕ ܐܠܠܐܗ ܘܚܗܣܗ. ܘܠܥܠܐ[4] ܠܚܙܚܘܐܠܐ

---

3 Ms. nur ܘܠܥ.   4 Ms. nur ܠܥܠ.

---

1 Ms. .   2 Ms. .   3 Ms. .   4 Ms. ohne
.   5 Ms. ".   6 Ms. nur .

ܡܘܡܐ ܕܘܡܠܡ ܐܘܚܡ ܗܠܬܝ ܕܐܘܣܗ ܕܐܬ ܣܗܙܢܠܐ ܚܡܚܙܢܐ.
ܠܣܝ ܠܗܘܚܠܐ ܕܝ ܡܘܡܡܡܠ ܐܣܙܣܠܚܐ. ܕܠܗܡܚܠ ܠܚܡ ܐܣܗܕ ܠܚܘܕ
ܗܘܐܝ ܗܗܘܕܗ ܚܡܚܕܗܗ ܚܩܘܡܚܠ ܡܖܝܢܐ ܡܚܚܙܐܕܐܗܠܐ ܗܐܗ ܕܗܗܚܗܘܗ.
ܚܡܠܐ ܠܚܡ ܘܚܡܠܐ ܐܗܕܐ ܘܚܡܠܐ ܕܙ ܘܚܡܠܐ ܗܗܡ ܡܚܠܐܠܝܣ
ܗܘܗܗ. ܚܠܐܙ ܕܝ ܗܗܣܠܐ ܕܐܬ ܣܗܙܢܠܐ ܕܗܡ ܚܠܠܐ. ܐܠܐ ܡܥ
ܚܬܙܢܠܐ ܕܗܗܝܣ ܡܚܠܒܠܝ ܗܘܐܝ ܘܗܡܖܝܙܥ ܗܐܗ ܚܡܚܙܖܕܐܗܠ ܘܗܘܬܠ.
ܐܠܣܗܠܝ ܠܚܡܚܚܕܗ ܚܡܚܠܐ ܗܚܚܕܗ ܘܙܕܒܚܠ. ܘܐܠܣܝ ܘܠܗܗܚܠܚܕܒ
ܠܚܡ ܠܚܠܐܗܚܒܠܐܝ. ܣܠܝ ܚܝܕ ܩܠܠ ܕܥܒܚܚܠܐ ܘܗܐܩܠܝܠ. ܐܗ ܚܡܥ
ܚܗܚܡܡܬܙܠܐ ܗܗܚܕܗ. ܕܗܠܚܝ ܠܚܐܗܕܒܠ ܠܚܡܙܗܡܠ. ܕܚܡ ܕܝ ܣܠܝ.
ܠܚܡܚܐܕܐܗܠܐܗ ܘܙܕܒܚܠ ܢܚܚܥܣܝ ܡܥ ܗܗܚܕܗ ܗܝܚܚܕܗ ܘܠܐܗܘܐ. ܘܚܡ
ܠܗܣܝ ܘܐܗܗܕ ܘܗܙܣܠܠܐ ܦܢܠ ܚܕܗ. ܠܝ ܠܗܗܡ ܠܚܡ ܠܗܣܝ ܘܐܗܗܕ
ܘܗܙܣܠܠܐ ܡܝܚܕܗ. ܠܐ ܠܥܖܝ ܕܝܗܚܙ.

Übersetzung: „Der selige Iyôbh ist nach der Überlieferung der LXX[1] ein Edomiter von Geburt gewesen. Also steht nämlich im Griechen[2] am Ende seines Buches geschrieben: Dieser Yôbhâbh iſt der Sohn Seraḥ's, der Fünfte, der von ’Abhrâhâm stammt. Obgleich das weder im Syrer, der aus dem Hebräer[3] übersetzt wurde, noch im Hebräer geschrieben steht, so hat man's, weil man unter den Nachkommen Esaus einen Menschen mit Namen Yôbhâb fand (Gen. 36, 34), dennoch geglaubt und auch geschrieben, dass Iyôbh ein Sohn Seraḥ's, des Sohnes Rĕ‘uêls, des Sohnes Esau's, des Sohnes Isḥaq's, des Sohnes ’Abhrâhâm's sei und dass er zu den Nachkommen der Basmath, des Weibes Esaus, gehöre, die den Rĕ‘uêl, den Grossvater Iyôbh's, gebar. — Es gehört aber auch ein Mann mit

---

[1] Išô‘dâdh kennt also die LXX in irgend einer Gestalt.
[2] Der Grieche und die LXX sind also identisch.
[3] Es gab also wohl für Išô‘dâdh auch einen Syrer der aus dem Griechen übersetzt war.

Namen Yôbhâbh zu den Söhnen Yoqtan's (Gen. 10, 29)
und von ihm haben einige gefaselt, er sei Iyôbh, der
Gerechte. In Wahrheit aber gehört er zu den Nachkommen Esaus und wird in der Reihe der Aufzählung
der Könige Yôbhâbh, der Sohn Seraḥ's, genannt. Er
erschien aber vor dem Gesetz Moses und ward erkannt
im 60. Jahre Ya'qubh's, des Sohnes Isḥaq's. Und nach
der hebräischen Überlieferung und der Anderer (heisst
es): Nachdem Ya'qubh mit seinen Söhnen nach Ägypten
gegangen war, nahm sich dieser Iyôbh, der auch nach
Ägypten hinabgezogen war, um Getreide zu kaufen, Dînâ,
die Tochter Ya'qubhs zum Weibe, dieselbe, die von
Šekhîm, dem Sohne Ḥemôr's, verführt wurde. Und mit
ihr erzeugte er jene seine 10 ersten Kinder, die da in
seinen Versuchungen starben. Und sie war's, die zur
Zeit der Versuchung schmähte und auch ihren Mann
anstachelte, dass er schmähen möchte, weshalb sie zur
Zeit der Versuchung starb und nicht gewürdigt wurde,
jenen glücklichen Wechsel zu sehen. Und von einem
andern arabischen Weibe liess Iyôbh jene andern Kinder
hervorgehen. — Sein Vaterland aber war Us im Lande
der Araber, deren Hauptstadt Bosra ist.[1] „Es kann nämlich" so spricht der selige Ausleger „jeder, der da will,
ins Land der Araber gehen und dort sein Haus und sein
Grab und den Ort seiner Kämpfe d. h. jenen Aschenhaufen,
wo er sass, sehen".[2] Und es bezeugt der Ausleger: „In
der Kraft der Jugend war Iyôbh damals, als die Kinder
Israel wegen der Hungersnot nach Ägypten gingen." Drei
waren aber die Freunde Iyôbh's, die zur Zeit seiner Heim-

---

[1] Josephus (Antiquit. IV, 7, 4) verlegt Bosra nur an die Grenzen
Arabiens, aber Stephanus von Byzanz (cfr. Merx in Schenkels Bibel-
lexikon 1875, Bd. V, pag. 587) nennt es geradezu eine arabische Stadt.
[2] cfr. den Artikel Uz in Schenkels Bibellex. l. c. pag. 587.

suchung zu ihm kamen. Der erste war Elihû von Bus.
Bus aber war der Bruder von Us und nach ihren Namen
wurden jene Länder genannt. Der zweite aber ʼElîphaz,
der von Taimân und ein Sohn ʽEsau's war (Gen. 36, 3).
Und der dritte Bildâdh von Šûâḥ, der zu den Kindern
der Qeṭurâ, dem Nebenweibe Abhrahams (Gen. 25, 1 f), ge-
hörte. — Es schrieb aber das Buch des seligen Iyôbh,
wie viele bezeugen, zu denen auch Johannes Chrysostomus gehört, der göttliche Moses[1] in jenen 40 Jahren,
welche die Kinder Israel in der Wüste verweilten. Nach
dem seligen Ausleger aber verhält sich die Sache anders.
Nämlich[2]: Was den seligen Iyôbh betrifft, so war sein Name
angesehen bei allen Völkern, und die ausgezeichnete Haltung
seiner Tugend und auch in seiner Prüfung wurde in jedem
Volke und in jeder Nation und in jedem Geschlechte und
in jeder Sprache erzählt. Aber nach der Rückkehr der
Kinder Israel aus Babel, bemühte sich ein Hebräer, der
sehr erfahren und gelehrt war und zwar auch in der
Gelehrsamkeit der Griechen, in einer Schrift die Geschichte
des Gerechten zu überliefern. Und damit er die Geschichte ausschmückte, verband er mit ihr künstliche Worte
der Poeten. Denn auch in Versmassen verfasste er es
(das Buch), um es den Lesern besonders angenehm zu
machen. Aber wir lernen die Vortrefflichkeit des Gerechten
aus dem anbetungswürdigen Munde Gottes, der ihn mit

---

[1] Das war auch die Ansicht des Ḥanânâ von Ḥĕdhayâbh, cfr. den
zweiten Kanon der 585/86 unter Išôʽyâbh abgehaltenen Synode bei
Braun, Buch der Synhados pag. 198: „Dennoch (obgleich das Buch Iob
von einem Sophisten verfasst ist) haben sie (Ḥanânâ und seine Anhänger) gewagt, zu sagen, dass der Gottesmann Moses das Buch des
sel. Iob geschrieben".

[2] cfr. aus den Akten des 5. ökumenischen Conzils vom Jahre 553
Mansi IX, col. 223ff. und Leontius von Byzanz contra Nest. et Eut.
bei Migne, Tom. 86, pars 1, col. 1365, B|C.

Nôăḥ und Iyôbh und Dâniyêl aufzählte, (indem er sagt):
Wenn Nôăḥ und Iyôbh und Dâniyêl vor mich träten, so
sollen sie nicht retten u. s. w. (Hes. 14, 14 und 20)."

Die Anlage des Commentars kann am besten an den
im Folgenden mitgeteilten Proben aus Dodekapropheton
und Psalter erkannt werden.[1]

Es erübrigt daher hier nur noch einen Blick auf die
ausserordentlich grosse Reihe von Autoren zu werfen, die
in unserem Werke citiert werden.

Von syrischen Autoren werden angeführt:

aus dem IV. Jahrhundert

1. ܡܢܝ ܡܢ ܐܒܝܡ fol. 145b, 13 u. öfter = Mâr Ephraem cfr.
Assem. B. O. I, pag. 25 ff.

2. ܡܢܝ ܐܒܝܡ ܡܢ ܡܢ ܡܢ fol. 124b, 24
(Samuelis) = Isḥaq, einer von den Schülern Mâr
Ephraems cfr. Assem. I, pag. 165.

aus dem V. Jahrhundert

3. ܡܢܝ ܢܒܩܐ fol. 8a, 5 (Genesis), fol. 84a, 26 (Leviticus),
fol. 128b, 1 (Samuelis) = Mâr Narsâi cfr. Assem III, 1,
pag. 63 ff.

---

[1] Der Vollständigkeit halber bemerke ich noch Folgendes: Die
Erklärungen des Bibeltextes werden, ohne dass ein Grund dafür er-
kennbar wäre, bald mit, bald ohne einleitende Formeln eingeführt.
Die üblichsten Formeln sind: ܐ = ܘܐ cfr. Hos. 1, 2, 11; ܝܬܠ ܡܕܝ
cfr. Hos. 8, 10. ܂ ܝܬܠ cfr. Hos. 8, 4 u. 13, 15; ܂ ܝܬܠ ܀ܝܬܠ cfr. Hos. 12, 2;
ܝܬܠ ܡܚܘܘ cfr. Hos. 4, 2; ܝܬܠ ܣܘ cfr. Hos. 2, 12; ܠ ܐܦܝ cfr. Hos.
5, 1 und 10, 4; ܠ ܝܩܝ cfr. Hos. 13, 14; ܂ ܝܬܠܝ cfr. Hos. 5, 8. — Citate
aus andern Schriftstellern werden bald durch ܝܬܠ angedeutet (cfr. Hos.
2, 15. 7, 8. 8, 13 u. s. w.), bald durch Wendungen wie „Einige" (Jon. 3, 1),
„Andere" (Hos. 3, 2. Joel 1, 19), „Oder" (Hos. 4, 9. 5, 1), „Entweder —
oder" (Hos. 1, 2), „Wiederum" (Hos. 2, 2. 4, 8), bald auch durch aus-
drückliche Namhaftmachung der Autoritäten. In den meisten Fällen
wird indess das fremde Eigentum nicht ausdrücklich als solches ge-
kennzeichnet.

4. ܐܚܒ ܘܚܡܐ ܐܘܒܪܗܡ fol. 84a, 26 (Leviticus) = 'Abhrâhâm von Bêth Rabân cfr. Assem. III, 1, pag. 71.

5. ܐܚܒ ܘܚܡܐ ܝܘܚܢ fol. 259a, 24 (Hesekiel) u. fol. 87b 10 u. 15 (Numeri) = Yôḥanân von Bêth Rabân cfr. Assem. III, 1, pag. 72.

Diese drei letzten Schriftsteller und ihre orthodoxen Nachfolger an der Schule zu Nisîbis scheinen mir unter dem Collectivum ܐܣܟܘܠܐ fol. 160a, 20 (Proverbien) = die Schule und unter ܡܫܠܡܢܘܬ ܕܐܣܟܘܠܐ fol. 7a, 36 (Genesis) = die Überlieferung der Schule zusammengefasst zu werden.

aus dem VI. Jahrhundert

6. ܡܪܝ ܐܒܐ fol. 159b, 14 (Proverbien) = Mâr 'Abhâ I cfr. Assem. III, 1, pag. 75.

7. ܦܘܠܘܣ ܡܝܛܪܘܦܘܠܝܛܐ fol. 145b, 10 (Könige) = Paulus der Metropolit (von Nisîbis) cfr. Assem. III, 1, pag. 87.

8. ܚܢܢܐ fol. 188b, 22 u. 24 (Job), fol. 300b, 1 (Psalmen), fol. 202a, 29 (Jesaia) und fol. 258a, 24 (Hesekiel) = Ḥanânâ von Ḥĕdhayâbh cfr. Assem. III, 1, pag. 81 ff.

9. ܐܝܘܚܢ fol. 175a, 22 (Qoheleth) = Yôḥanân von Apamea cfr. Assem. I, 430f. und III, 1, pag. 50.

aus dem VII. Jahrhundert

10. ܘܕܐܢܝܐܠ ܒܪ ܡܪܝܡ fol. 195a, 19 und fol. 206a, 4 (Jesaia) = Daniel bar Maryam cfr. Assem. III, 1, pag. 231.

11. ܝܫܘܥܝܗܒ fol. 300b, 1 (Psalmen) = Išô'yâhb von Gĕdhâlâ cfr. Assem. III, 1, pag. 105 ff.

aus dem VIII. Jahrhundert

12. ܡܦܪܝܢ fol. 207b, 5 (Jesaia), fol. 258a, 23 (Hesekiel) u.

fol. 167b, 17 (Sirach) — Gabhrîêl von Qaṭar[1] cfr.
Assem. III, 1, pag. 172 f.

13. ܚܡܥܣ ܐܘܪܐܠ fol. 189a, 31 (Hiob) = Yaʿqûbh von Edessa
cfr. Assem. I, 468—94.

auś dem IX. Jahrhundert

14. ܡܚܐܠܝܠ fol. 15a, 9 (Genesis) u. fol. 87b, 16 (Numeri)
= Mîkhâêl Ḥûzayâ cfr. Assem. III, 1, pag. 147.

Das sind, abgesehen von Mâr Ephraem und Yaʿqubh
von Edessa, lauter Autoritäten, über deren exeget. Bemühungen wir bisher nur aus ʿAbhd-îśôʿs Kataloge unterrichtet waren.   Wirkliche Proben ihrer exeget. Kunst bietet
Isôʿdâdh zum ersten Male.

Von griechischen Autoren werden citiert:

1. ܕܝܘܢܣܘܣ fol. 6b, 19 (Hexaemeron) = Dionysius
Areopagita cfr. Assem. III, 1, pag. 13.

2. ܐܘܪܝܘܣ fol. 140b, 3 (Könige) = Julius Africanus
(Chronicon) cfr. Assem. III, 1, pag. 14.

3. ܐܘܪܝܓܢܣ fol. 279b, 2 (Vorrede zum Psalter) = Origenes.[2]

4. ܐܦܘܠܝܢܪܣ fol. 277b, 17 (Vorrede zum Psalter) =
Apollinaris von Laodicea.[3]

5. ܒܣܠܝܘܣ fol. 4b, 28 (Hexaemeron) = Basilius cfr.
Assem. III, 1, pag. 20 f.

---

[1] Wie Nöldeke mir mitteilt, irrt Assem., wenn er Qaṭar = Baktrien
setzt.   Es gehört vielmehr zu Arabien und ist mit Baḥrain identisch.

[2] Er wird an der citierten Stelle um seiner allegorischen Schriftauslegung willen geradezu der „Gottlose" (ܪܫܝܥܐ) genannt und mit den
Poeten und Mathematikern (ܐܘܠܐ ܘ ܡܢܘܬܐ) auf eine Stufe
gestellt.

[3] Er wird wegen seiner nach Pindarischem Muster geschriebenen
Oden zurückgewiesen und mit den Erzketzern Menander und Kerdon
auf eine Stufe gestellt.

6. ܡܘܣܝ ܡܝܣܝܐ fol. 176a, 29 (Vorrede zu Cantic.) = Gregor von Nyssa cfr. Assem. III, 1, pag. 21 f.

7. ܣܘ ܐܠܘܠ fol. 10a, 16 (Hexaemeron) u. fol. 170a, 12 (Qoheleth) = Gregor von Nazianz cfr. Assem. III, 1, pag. 23 f.

8. ܣܝܐ fol. 189b, 10 (Job) oder ܡܘܣܘܐܡܘܡܘܝܘ fol. 176a, 29 (Vorrede zu Cantic.) = Johannes Chrysostomus cfr. Assem. III, 1, pag. 24 ff.

9. ܡܘܠܝܣܘ fol. 197a, 13 (Jesaia) = Cyrill von Alexandrien cfr. Assem. III, 1, pag. 354 f.

10. ܠܘܡܣܘ fol. 4a, 16; fol. 5b, 7; fol. 7a, 12; fol. 8a, 7 u. 18; fol. 12a, 3; fol. 15a, 19 (Sämmtliche Stellen aus dem 1. Capitel der Genesis) = Theodor von Mopsuestia cfr. Assem. III, 1, pag. 30 ff.

Ausserdem noch:

11. ܡܘܠܘܐܠܡܘܝܐ fol. 9a, 16 u. 23; fol. 11a, 22 (Hexaemeron) = Aristoteles.

12. ܡܘܘܘܘܝ fol. 2b, 16 (Einleitung zum ganzen Werke) = Diodorus Siculus.

13. ܡܘܘܢܝܡܘ fol. 143b, 6 (Könige) = Josephus.

Von Übersetzungen des Alten Testaments werden citiert:

1. ܠܝܚܒܝ fol. 195a (Jesaia) u. sehr oft = der Hebräer.

2. ܠܝܣܝ fol. 197a (Jesaia) u. sehr oft = der Grieche.

3. ܡܘܠܐܘܐ fol. 4a, 28 (Genesis) = Aquila.

4. ܡܘܘܣܘܡܣ fol. 135a, 22 (Samuelis) u. fol. 151a, 14 (Könige) = Symmachus.

5. ܢܘܘܘܐܘܠ fol. 213b, 22 (Hosea) = Theodotion.

6. ܡܘܠܝܣܘܐ fol. 4a, 9 (Genesis) = Onqelos.

§ 3.

Die Handschrift Brit. Mus. Or. 4524 verglichen mit dem Jerusalemer Manuskript Κοικυλιδης No. 10.[1]

Bei einer Vergleichung von Or. 4524 (L) mit Κοικυλ. No. 10 (I) finde ich im Ganzen 101 Varianten.[2]

Davon sind 5 rein orthographischer Natur.

Es schreibt nämlich:

	L	I
Hos. 4, 2	ܗܣ̈ܡܠܐܬ	ܗܣ̈ܡܠܐܬ
Sach. 13, 8	ܐܣܩܘܣܗ	ܐܘܣ
Sach. 14, 8	ܚܩܘܡܐܠ	ܚܩܠܐ [3]
Sach. 14, 8	ܙܘܪܡܘ	ܙܘܪܡܘ
Sach. 14, 21	ܡܘܚܢܬܐ	ohne Seyâmê (cfr. Nöld., Gramm. § 16C, Fussnote)

An 12 Stellen lässt sich nicht entscheiden, wer das Richtige bietet, da die Lesarten beider Codices sachlich resp. grammatisch möglich sind.

	L	I
Hos. 1, 2	ܡܕܪܢܣܐ	ܙܡܕܪܢܣܐ
Hos. 1, 2	ܚܝܚܠܣܐ	ܚܝܚܠܣܐ
Hos. 3, 1	ܣܒܪܐ	ܣܒܪܐ
Hos. 9, 13	ܡܕܗܝܚܠܐܒ	ܡܕܗܝܚܠܐܒ
Hos. 10, 14	ܠܘܚܣ	ܠܘܗܣ

---

[1] Das Ms. Κοικυλιδης No. 10 steht mir nur in einer Photographie der hier veröffentlichten prophetischen Abschnitte (cfr. mein Vorwort) zur Verfügung.

[2] Nicht berücksichtigt sind die durch Eingriffe einer zweiten Hand entstandenen Varianten oder Abkürzungen wie ܗ für ܒܝ ܐܠܘ; ܗ für ܠܐܒܝ u. s. w.

[3] Das kommt in einer aus Malabar stammenden Gruppe nestorianischer Pešittâhandschriften sehr häufig vor.

	L	I
Jon. 2, 1	ܐܝܢ	ܡܢ
Jon. 2, 1	ܘܐܠܗܐ	praem. ܘܐܠܗܐ
Jon. 2, 1	ܗܘܐ	ܗܘ
Jon. 2, 3	ܗܘܐ	om.
Jon. 3, 1	ܘܐܡܪܠܗ	ܘܐܡܪܠܗ
Sach. 11, 7	ܟܢܥܢܝܐ	ܟܢܥܢ
Sach. 14, 10	ܘܟܠܗ ܡܕܝܢܬܐ	ܡܕܝܢܬ

An 19 Stellen liegt ein beiden Handschriften gemeinsamer Fehler vor:

Sie schreiben nämlich beide Hos. 1, 2 ܟܚܝ für ܟܚܝܘ, Hos. 1, 4 ܘܓܝܡܠܐ für ܘܓܝ ܡܠܐ, Hos. 1, 4 ܟܚܝ für ܡܠܟ, Hos. 2, 2 ܐܬܬܝܗ für ܐܩܠ, Hos. 2, 3 ܒܚܡܐܠܐ für ܚܡܐܠܐ, Hos. 2, 15 ܡܕܝܢ für ܡܕܝܢ, Hos. 9, 13 ܕܐܝ für ܕܐܝܗ, Hos. 10, 6 ܟܥܡܐܬ für ܟܥܡܐܝ, Hos. 12, 12 ܘܟܠܐܡܣܠ ܘܥܓܡܗ für ܘܥܓܡ, Joel 2, 20 ܘܟܡܕܝܕܐ für ܘܟܠܐܡܣܠ, Joel 3, 10 ܥܚܠܐ für ܡܢ ܡܚܠܐ, Jona (Vorwort) ܐܡܝ für ܐܡܗܐ, Jon. 4, 11 f. ܪܐܚܠܐܟܐ für ܘܪܘܠܐܟܐ, Sach. 12, 11 ܐܘܡܕܐ fur ܐܘܡܕܐ und ܡܢ ܘܐܡܕܐ für ܚܠܐ ܘܐܡܕܐ, Sach. 14, 2 ܘܟܠܗ für ܟܠܗ, Sach. 14, 5 ܚܪܢܒܠ für ܚܪܚܠ und ܡܥܕܗ für ܡܥܡ, Sach. 14, 7 ܐܡܝ für ܐܝ.

An 50 Stellen liegen Wortveränderungen vor, die sich 40 × als Schreibfehler von L und nur 10 × als Schreibfehler von I herausstellen.

a) Die Schreibfehler von L: Hos 1, 2 ܘܡܥܡܚܙܝ und ܕܐܘܗܝ, Hos. 1, 4 ܘܟܠܗ, Hos. 1, 11 ܥܕܝ, Hos. 2, 12 ܘܚܕܟܝܚܬ, Hos. 2, 15 ܗܥܥܡܕܗ, Hos. 3, 2 ܟܠ ܐܡܝ und ܘܡܥܠ, Hos. 4, 4 ܟܢܥܒܠ, Hos. 4, 8 ܡܕܗܟܐܡܥ, Hos. 4, 14 ܘܟܠܠ, Hos. 4, 18 ܐܘܒܢܣܐܠ, Hos. 5, 8 ܐܝ, Hos. 7, 4 ܟܚܝ,

Hos. 7, 11 ܐܘܠܝ, Hos. 8, 13 ܚܕܝܬܗ, Hos. 9, 4 ܢܥܒ,
Hos. 9, 8 ܝܢܬܠܐ ܘܢܣܝܟ und ܘܢܣܟ, Hos. 10, 6 ܘܢܥܡܚܕ,
Hos. 10, 14 ܡܚܟܘ, Hos. 12, 10 ܠܚܡܘܗܐ, Hos. 14, 9
ܐܡܗܐ und ܡܘܙܪܠ, Joel 1, 17 ܡܥܢܬܠ, Joel 2, 20 ܘܐܚܒܝ,
Joel 2, 28 ܘܡܕܘܬܥܕܠ, Joel 3, 10 ܡܣܟܗ, Jon. 1, 3
ܐܕܢܬܐ und ܝܚܣܘܝ, Jon. 1, 5 ܠܚܝܣܙܐ, Jon. 3, 3
ܡܚܥܙܘܗܡܐ, Jon. (Schluss) ܘܚܩܠ, Sach. 11, 10 ܡܥܩܪܒܠ,
Sach. 11, 12 ܘܢܥܡܘܐ, Sach. 12, 10 ܡܚܢܟ, Sach. 12, 11
ܘܚܡܗܐ, Sach. 13, 7 ܐܚܡܘܐ, Sach. 14, 5, ܠܟܘܙܐܠ, Sach.
14, 6 ܒܚܠܝ.

b) Die Schreibfehler von I: Hos. 3, 2 ܡܚܙܪܗ, Hos. 3, 4
ܣܝܐ, Hos. 5, 1 ܠܚܡܘܗܐ, Hos. 7, 4 ܚܠܢܥ, Hos. 9, 8
ܘܐܝܣ, Hos. 11, 8 ܣܡ ܐܝܣ, Hos. 13, 1 ܐܝܣ, Sach. 9, 1 ܘܣܝܙܢ,
Sach. 9, 7 ܡܚܘܢܐ, Sach. 9, 10 ܘܡܚܘܕ.

An 15 Stellen liegen Wortauslassungen vor,
die sich 11 × als Fehler von L und nur 4 × als
Fehler von I darstellen.

a) Die Wortauslassungen von L: Hos. 4, 4 ܚܡ, Hos. 4, 5
ܐܝܠܐ, Hos. 7, 14 ܘܟܬܝܐܠ, Hos. 8, 9 ܚܬܥܠ, Hos. 14, 9
ܐܘܪܙܠ, Joel 1, 4 ܟܠ, Jon. 4, 11 ܘܙܒ ܣܘܒ, Jon. 4, 11
ܘܚܩܘܡܐܘ ܗܒܠ..... ܡܣ ܘܒ ܚܣ (per hom.), Sach. 9, 13 ܣܘܗܘܣ
(per hom.), Sach. 11, 7 ܠܚܡܐܠ?, Sach. 14, 13 ܣܚܙܗ.

b) Die Wortauslassungen von I: Hos. 11, 4 ܘܐܝܣ ܚܡܙܐ.....
ܟܝܗ ܐܝܗ (per hom.), Sach. 9, 7 ܘܒ ܘܗܘܗ.....ܡܚܚܡܣ,
Sach. 12, 7 ܡܡܚܢܠ.....ܐܢܬܢܠ (per hom.), Sach. 14, 6 ܡܬܙ.

Zusammenfassendes Urteil: Soweit man aus den
vorliegenden beiden Handschriften schliessen kann, ist der
Text zu Isô'dâdh's alttestamentlichen Commentaren gut erhalten. Die Handschrift I, die schon um ihres höheren

Alters willen (XIII. Jahrhundert nach dem Urteil von Κοικυλιδης) ein besonderes Interesse in Anspruch nimmt, hat
sich nach Massgabe unserer Untersuchung sowohl hinsichtlich der Wortveränderungen, als auch hinsichtlich der Wortauslassungen am meisten frei von Fehlern erhalten. Ihr
Text, verglichen mit L, muss als der bessere angesehen
werden. Dennoch kann auch L bei künftigen Publikationen
aus Isô'dâdh nicht entbehrt werden. Denn die Handschrift
L ist trotz der 19 Fehler, die sie mit I gemeinsam hat,
dennoch keine blosse Abschrift von I, da sie an 4 Stellen,
wo I zum teil recht umfangreiche Wortauslassungen hat,
den vollständigen Text bietet. Die gemeinsamen Fehler
werden daher vorläufig wohl am besten so erklärt, dass
man beide Handschriften auf eine schon nicht mehr ganz
fehlerfreie Vorlage zurückführt. Diese Vorlage kann weit
über das 13. Jahrhundert zurückreichen und uns mit der Zeit
Isô'dâdh's selbst in unmittelbare Berührung bringen.

§ 4.

**Der Commentar des Nestorianers Išô'dâdh die Haupt-
quelle für die exegetischen Arbeiten der Monophysiten
des Mittelalters.**

Gregorius Barhebraeus hat in seinen viel gerühmten
Scholien zum A. T. in irgend einer Form die Commentare
des Theodor von Mopsuestia benutzt. Das hat für die Auslegung zum Psalter schon Baethgen (Z. A. W. 1885, Heft I,
pag. 99 f) angedeutet[1], für die zum Dodekapropheton haben

---

[1] Es liegt auf der Hand, dass Barhebraeus bei einem so viel ge-
lesenen und ausgelegten Buche wie dem Psalter das Theodor'sche
Eigentum nur mit der allergrössten Vorsicht und Einschränkung ver-
werten durfte. Dennoch ist auch hier die Thatsache der Benutzung
Theodors mit den Händen zu greifen. Nur beachte man, dass sich
hier das Verhältnis des Barhebraeus zu Išô'dâdh anders stellt als im

es die Fussnoten der sub pag. 1—100 gegebenen Übersetzung bewiesen.[1]

In welcher Recension hat Barhebraeus den Theodor
von Mopsuestia in seine Scholien aufgenommen? Nun,
wenn wir allein die Scholien zum Dodekapropheton ins
Auge fassen, so dürfen wir sagen: In der Recension, in
welche ihn Isô'dâdh im 9. Jahrhundert hineingegossen hat.
Denn erstens bietet Barhebraeus nichts Theodor'sches, was
sich nicht auch bei Isô'dâdh fände.[2] Zweitens bringt er
die Gedanken aus Theodor in Anlehnung an den von Išô'-
dâdh geprägten Wortlaut (cfr. die Fussnoten zu Hos. 1, 11a.
2, 15a. 2, 15b. 13, 14. Sach. 9, 11a. 11, 2b und die zu 11, 5).
Drittens bringt er Theodor'sches Eigentum mit Vorsätzen
(cfr. die Fussnoten zu Jon. 3, 1d) und Nachsätzen (cfr.
die Fussnoten zu Hos. 1, 4b. 10, 6), wie sie nur bei
Isô'dâdh sich finden. Ja die Scholien des Barhebraeus sind
geradezu ein fortlaufendes Excerpt aus Isô'dâdh, dem der
vorsichtige Maphrĕyân zur Wahrung des orthodoxen
Scheines nur einige Citate aus Ephraem u. s. w. als monophysitisches Mäntelchen umgehängt hat. Folgende Analyse
der Scholien zu Hosea, Joel, Jona und Sach. IX—XIV, zu

Dodekapropheton. So steht z. B. auf Grund unserer Fussnoten zu den
im Anhang veröffentlichten Psalmen felsenfest, dass Barhebraeus den
Theodor nicht nur in der bei Išô'dâdh vorhandenen Gestalt vor sich gehabt hat (cfr. Pslm. 68, 9, 15 f., 22a, 23a, 26 f.; 69, 1, 8; 45, 3, 4c, 8c, 13),
sondern auch in der Gestalt von Th[b]. (cfr. Pslm. 68, 18a, 21, 23b, 24,
28 u. s. w.). Oder sollten wirs an den letztgenannten Stellen überhaupt
nicht mit Theodor'schem Eigentum zu thun haben?

[1] Auch Renaudot, Liturg. Orient. Tom. 2 pag. 622 sagt schon von
Theodors syr. Evangeliencommentar: Imo a Jacobitis reformata est illa
versio commentariorum in evangelia, rejectis illis, quae ad nestorianam
haeresin spectabant, ut a suis hominibus sine offendiculo legi possent,
quod testatur Abulbircat.

[2] Die Stelle Hos. V, 8 ist in der Fussnote zu folgender Quellen-
analyse erklärt.

der ich die Barhebraeus-Ausgabe von B. Moritz, Leipzig
1882 zur Hand zu nehmen bitte, mag diese Behauptung
veranschaulichen.

Versuch einer
Quellenanalyse der Scholien des Barhebraeus
a) zu Hosea

Die Einleitung (Zeile 3—6) ist nicht aus I (Išô'dâdh), sondern aus
    Ephraem Assem. Oper. omn. Tom. II pag. 234 A.

I, 1 nicht aus I, sondern aus M (Werke der Massorethen).

I, 2—4 aus I.

I, 6 nicht aus I, sondern aus M.

I, 8 f. nicht aus I, sondern aus Ephraem pag. 235 C u. D.

II, 1—16 aus I.

III, 1 a nicht aus I, sondern vielleicht aus Cyrill Migne, Tom. 71 col.
    101 C.

III, 1 b nicht aus I, sondern aus M.

III, 1 c nicht aus I, Quelle noch nicht nachweisbar.[1]

IV, 2—4 aus I.

IV, 2 a nicht aus I, Quelle noch nicht nachweisbar.

IV, 2 b—4 aus I.

IV, 5 a nicht aus I, sondern aus Ephraem pag. 238 F.

IV, 5 b—8 nicht aus I, Quelle noch nicht nachweisbar.

IV, 9—17 aus I.

IV, 19 a nicht aus I, sondern aus M.

IV, 19 b—VI, 7 aus I.[2]

VII, 4 a nicht aus I, sondern aus M.

VII, 4 b aus I.

VII, 4 c nicht aus I, sondern aus Ephraem pag. 241 F/242 A.

VII, 5—11 aus I.

---

[1] Aller Wahrscheinlichkeit nach werden viele Stellen, zu denen ich
schreibe: „Quelle noch nicht nachweisbar" auf Barhebraeus selbst
zurückgeführt werden müssen. Er muss doch wenigstens etwas Selbst-
ständiges zum Ganzen beigetragen haben.

[2] Das Schlusssätzchen von V, 8: ܘܚܐܝܨ ܠܣܪܚܝܣ ܡܬܗܠ ܘܡܝ ܐܝܣ
braucht nicht direkt aus Theodor col. 156 D: ἐκ δὲ τοῦ Ἐφραΐμ τὰς
δέκα μηνύει φυλάς entnommen zu sein. Der Gedanke findet sich bei
Išô'dâdh schon zu Hos. 1, 4 ausgesprochen und kann darum auch eine
Entlehnung von dort sein. Ausserdem wäre es immerhin noch möglich,
dass der Text von Išô'dâdh hier einmal lückenhaft wäre.

VII, 13 u. 14a, nicht aus I, sondern aus M.

VII, 14b —VIII, 5 aus I.

VIII, 6 nicht aus I, Quelle noch nicht nachweisbar.

VIII, 9 aus I.

VIII, 10a nicht aus I, sondern aus M.

VIII, 10b—IX, 15 aus I.

X, 4a nicht aus I, sondern aus M.

X, 4b—6 aus I.

X, 8 nicht aus I, sondern aus M.

X, 9 aus I.

X, 11a nicht aus I, Quelle noch nicht nachweisbar.

X, 11b—14 aus I.

XI, 8—XII, 2a nicht aus I, Quelle noch nicht nachweisbar.

XII, 2b nicht aus I, sondern aus M.

XII, 4 nicht aus I, sondern aus Ephraem pag. 246 E.

XII, 7 nicht aus I, sondern aus M.

XII, 8—10 aus I.

XII, 12a nicht aus I, sondern aus Ephraem pag. 247 A.

XII, 12b nicht aus I, sondern aus M.

XII, 12c aus I.

XII, 12d nicht aus I, sondern aus Cyrill Migne, Tom. 71, col. 345 A/B.

XII, 13—XIII, 8 nicht aus I, Quelle noch nicht nachweisbar.

XIII, 10 nicht aus I, sondern aus Ephraem pag. 248 B.

XIII, 14—15a aus I.

XIII, 15b nicht aus I, Quelle noch nicht nachweisbar.

XIV, 7 aus I.

XIV, 9 nicht aus I, sondern aus M.

b) zu Joel.

Die Einleitung (Zeile 1 f.) nicht aus I, sondern aus Ephraem pag. 249 A.

I, 1 nicht aus I, Quelle noch nicht nachweisbar.

I, 4 aus I.

I, 5—7a nicht aus I, sondern aus M.

I, 7b—14 aus I.

I, 17a nicht aus I, sondern aus M.

I, 17b aus I.

I, 17c nicht aus I, Quelle noch nicht nachweisbar.

I, 19 aus I.

I, 18 nicht aus I, sondern aus M.

II, 5 aus I.

II, 6 nicht aus I, sondern (vielleicht) aus Ephraem pag. 251 A.

II, 10—18 aus I.

II, 20 (vielleicht) aus I.

II, 22 nicht aus I, Quelle noch nicht nachweisbar.

II, 23 aus I.

II, 30 nicht aus I, sondern aus Ephraem pag. 252 E—F.

II, 32—III, 2 nicht aus I, Quelle noch nicht nachweisbar.

III, 10 aus I.

III, 13—18a nicht aus I, Quelle noch nicht nachweisbar.

III, 18b nicht aus I, sondern (wahrscheinlich) aus Ephraem pag. 254 C.

c) zu Jona.

Die Einleitung: Zeile 1 f. nicht aus I, Quelle noch nicht nachweisbar.

Zeile 3 f. aus I.

Zeile 5 nicht aus I, Quelle noch nicht nachweisbar.

I, 1 nicht aus I, Quelle noch nicht nachweisbar.

I, 2—3 aus I.

I, 5 nicht aus I, Quelle noch nicht nachweisbar.

II, 2—III, 4a aus I.

III, 4b nicht aus I, Quelle noch nicht nachweisbar.

III, 5 aus I.

IV, 6—10 nicht aus I, Quellen noch nicht nachweisbar.

d) zu Sacharja IX—XIV.

IX, 1a nicht aus I, Quelle noch nicht nachweisbar.

IX, 1b aus I.

IX, 2 nicht aus I, Quelle noch nicht nachweisbar.

IX, 7 aus I.

IX, 8 nicht aus I, sondern aus M.

IX, 9 aus I.

IX, 10a nicht aus I, sondern aus Ephraem pag. 299 B.

IX, 10b—11a aus I.

IX, 11b nicht aus I, sondern aus Ephraem pag. 299 D/E.

IX, 12 aus I.

IX, 13a nicht aus I, sondern (vielleicht) aus Ephraem pag. 299 F.

IX, 13b—15a aus I.

IX, 15b nicht aus I, Quelle noch nicht nachweisbar.

IX, 16 aus I.

X, 3—4 nicht aus I, sondern aus Ephraem pag. 300 D/E.

XI, 2—7a aus I.

XI, 7b nicht aus I, sondern aus M.

XI, 7c aus I.

XI, 8a nicht aus I, sondern aus Ephraem pag. 303 A.

XI, 8b aus I.

XI, 10 nicht aus I, Quelle noch nicht nachweisbar.

XI, 11—12a aus I.

XI, 12b—15 nicht aus I, sondern aus Ephraem pag. 304 B u. C.

XI, 16 nicht aus I, Quelle noch nicht nachweisbar.

XI, 17 aus I.

XII, 2 nicht aus I, Quelle noch nicht nachweisbar.

XII, 3 aus I.

XII, 4 nicht aus I, sondern aus M. (?)

XII, 7—10a aus I.

XII, 10b nicht aus I, sondern aus Ephraem pag. 306 A.

XII, 11—XIII, 1 aus I.

XIII, 7 nicht aus I, sondern aus Ephraem pag. 307 F—308 A.

XIII, 8—XIV, 11 aus I.

XIV, 13 nicht aus I, sondern aus M.

XIV, 20—21 aus I.

Ist Barhebraeus der erste Monophysit gewesen, der den Nestorianer Išô'dâdh excerpiert und damit Theodor in die monophysitische Kirche eingeführt hat? Die Frage muss unbedingt verneint werden. Auf Grund von Auszügen, die ich mir im August 1901 auf der Bibliothèque Nationale in Paris aus der syrischen Handschrift No. 66 machen durfte, ist's mir zur unumstösslichen Gewissheit geworden, dass schon Dionysius bar Salîbhî (12. Jahrh.) in seinen Commentaren zum A. T. diejenigen des Išô'dâdh verarbeitet hat. Vier Gründe bestärkten mich in dieser Gewissheit:

Erstens: Schon Dionysius bar Ṣalîbhî bringt nichts von Theodor'schem Eigentum, was sich nicht auch bei Išô'dâdh fände.

Zweitens: Schon Dionysius bar Ṣalîbhî bringt Scholien, die auf Grund der von mir gegebenen Quellenuntersuchung zu den kleinen Propheten, sowie auch auf Grund dessen, was 'Abhd-îšô' (siehe § 1 dieser Einleitung) über den Stil Išô'dâdh's sagt, als Eigentum des letzteren angesehen werden müssen. So schreibt er z. B.

zu Hos. I, 2 fol. 487 v b: ܐܠܗܐ ܘܚܕܣܝܐ ܗ ܠܐ ܐܘܚܕ ܐܠܗܐ ܐܠܗܐ ܐܠܐ ܐܠܗܐ

ܘܐܢܬܬܐ ܕܟ ܚܢܝܙ ܘܕܘܣ. ܓܝܪܐ ܘܕܚܐܡܪܐ. ܡܕܢܐ ܗܘܐ. ܐܝܟܢܐ ܕܝܢ ܝܕܥܘܐ
ܗܘܐ ܠܥܡܐ ܕܝܢ ܐܢܬ ܒܪ ܚܐܡܐ. ܘܐܡܝܢ ܘܠܚܣܒ ܐܨܥܢܘ ܘܗܕܬ ܗܘܗܕ.
ܕܚܣܚܚܐ ܘܠܢܐܠ. ܡܢ ܚܝܘܣܐ ܟܠܟܢ ܘܬܚܣܐܠܐ. ܠܐ ܐܝܕ ܠܚܚܐܠ. ܘܐܨܪܢܝ ܚܘܢ
ܒܪܝܚܝ ܗܘܗ ܘܚܕܐܘܠ ܗܘܐ.

Übersetzung: „Ein Weib, das Hurerei treibt" d. h. nicht hat er
gesagt „eine Hure", sondern „(ein Weib), das Hurerei treibt" d. h. mit
Leib und Seele, mit Männern und Götzen. Sie trieb Hurerei dadurch,
dass sie sie anbetete. Und woher wusste das Volk, dass Hosea etwas
seiner Gewohnheit Fremdes that, indem er die Hure nahm, da er doch
die Offenbarung der Prophetie dem Volke noch nicht gesagt hatte. Und
wir sagen: (Indem dass) sie wussten, dass er ehelos war.

zu Hos. II, 4 fol. 488 r, b: ܗܘܗ ܠܚܪ ܘܚܣܥܗ ܡܐܪܐܠܐ ܪܢܬܐ ܘܠܚܡܝ
ܠܚܪ ܘܐܣܚܝ ܘܣܝܗ ܘܝܒܝܗ. ܘܚܡܠܚܥܝܡ ܠܬܐ ܘܦܢܐܡܝ.

Übersetzung: „Richtet" und vergleicht in gerechter Weise eure
Lebensart mit der eurer Mutter und seht und erkennet, dass ihr in allen
Stücken ihr ähnlich seid.

zu Hos. IV, 5 fol. 489 r, a: ܘܐܡܠܚܠܐ ܕ ܚܠܐܡܐ ܐܒܠ ܘܢܦܠ ܚܣܚܡܝ
ܕܢܐܠ ܠܚܠܐ ܐܒܪ ܘܚܠܚܥܚܠ. ܘܐܠܐܡܐ ܢܚܠܐ ܕܟ ܢܚܠ ܒܠܠ. ܚܚܡܠܐ
ܘܕܚܚܠܗܠ ܒܠܚܠܐ. ܘܚܚܠܐ.

Übersetzung: „Und du hast dich gestossen" d. h. stösst an und
fällst in eine offenkundige Strafe wie am Tage. „Und es stiess sich
der Prophet" d. h. der trügerische Prophet in der Bedrängnis und
Finsternis „der Nacht" der Gefangenschaft.

zu Hos. IV, 14ᵇ fol. 489 r, b: ܘܚܠܐ ܘܠܐ ܚܚܠܐܡܠܐ ܕܟ ܚܚܠܐ ܘܚܥܝܠܐ
ܕܚܗܘܚܥܚܡܐ ܘܠܐ ܚܚܠܐܡܠܐ ܐܢܠ ܠܐܗܐ ܠܗܐ ܘܚܝܒܬ ܚܝܗܗ. ܢܣܡ ܚܠܚܗ
ܗܥܚܠܣ ܗܠܐܡܪܐ. ܘܘܠܐ ܚܘܒ ܚܚܚܚ ܠܚܠܝܠ ܚܚܢܣ ܚܢܚܣ ܘܩܠܪܐ.

Übersetzung: „Und das einsichtslose Volk" d. h. das Volk, das in
seinem Unterscheidungsvermögen blind ist und nicht einsieht, was für
ein Gott in seiner Mitte Wohnung gemacht und sich niedergelassen
hat, ist in den Götzendienst verliebt und ganz von Sinnen umarmt es
das Kalb und schwelgt in Hurerei mit den Dämonen.

Drittens: Schon Dionysius bar Ṣalîbhî bringt Theodor
in Anlehnung an den von Išôʿdâdh geprägten Wortlaut.
So z. B. schreibt er:

zu Hos. I, 11 fol. 488 r, b: ܙܐܠ ܣܒ ܕܟ ܘܐܘܚܚܠ ܘܣܚܡܝ ܥ ܚܚܠ
ܠܠܐ ܘܙܕ ܕܟ ܚܚܣܣ ܢܚܡܠ ܗܘ ܘܚܕܗ ܠܚܢ ܥ ܡܠܗ ܗܚܚܡܐ ܗܘܗ ܐܒܠ
ܐܠܐܘܚܚܠ.

Übersetzung: „Ein Haupt" d. h. Serubabel. „Und sie werden heraufziehen" von Babel. „Denn gross" d. h. gepriesen ist jener Tag, an welchem ich wider alles Erwarten nach(?) Jesreel herausführen werde.

zu Hos. IV, 8 fol. 489 r, a:

Übersetzung: „Die Sünde meines Volkes haben sie gegessen" Gefangenschaft und Schwert.

zu Hos. IV, 9 fol. 489 r, a:

Übersetzung: „Und es ward der Priester wie das Volk" d. h. dadurch dass man, als sie in die Gefangenschaft geführt wurden, sie, die Gefangenen, nicht sonderte, und die Priester nicht mehr ehrte als das Volk, sondern in gleicher Weise hinwegschleppte.

Viertens: Schon Dionysius bar Salîbhî bringt Stellen aus Theodor mit Vorsätzen und Nachsätzen, wie sie nur bei Išô'dâdh sich finden. So z. B. schreibt er:

zu Hos. II, 15 fol. 488 v, a:

Übersetzung: Und es thut sich infolgedessen ihr Verstand auf, der blind war. Und sie sieht ein, dass sie wegen ihrer Sünde in die Gefangenschaft geführt wurde. Es scheint nämlich, dass, woher sie anfingen in ihr Land zu ziehen, von dort fingen sie an, in die Gefangenschaft geführt zu werden. Von dem Teile nämlich, der das Thal ist, deutete er auf ihr ganzes Land.

zu Hos. I, 4 fol. 488 r, a:

Übersetzung: „Jesreel" d. h. Jesreel ist die Stadt, in welcher Naboth erwürgt und Isabel getötet. In ihr erbaute Ahab den königlichen Palast und in ihr errichtete er den Tempel für Baal.

Ob nun freilich Barhebraeus bei der Herstellung seiner Scholien die Werke Išô'dâdh's im Original oder in der Bearbeitung des Dionysius bar Salîbhî vor sich hatte, das wage ich auf Grund des mir zur Verfügung stehenden

Materiales noch nicht zu entscheiden. Fände sich bei Barhebraeus eine einzige unanfechtbare Stelle aus Išố'dâdh, die bei Dionysius bar Salîbhî nicht steht, so müsste der letztere als Vermittlungsglied ausgeschieden werden. Doch sei dem, wie es sei. Soviel ist gewiss: Beide, Dionysius bar Salîbhî und Barhebraeus, sind von Išố'dâdh abhängig und die Möglichkeit, dass der erstere sich als Zwischenglied zwischen die beiden letzteren einschiebt, muss zugegeben werden.

Um welcher Vorzüge willen mögen wohl die Monophysiten des Mittelalters den Commentar des Nestorianers Išố'dâdh zur Hauptquelle für ihre exegetischen Arbeiten gewählt haben? Diese Frage drängt uns zur Erledigung zweier Unterfragen, deren Beantwortung wir schon sub § 2 nur mit Mühe unterdrückt haben. Sie lauten: 1. Was für eine Bibelübersetzung hat Išố'dâdh unter der Bezeichnung „Yaunayâ“ neben der Pešittâ zu Worte kommen lassen? 2. Hat Išố'dâdh mit seiner Einführung monophysitischer Schulautoritäten auch deren allegorische Schriftauslegung neben der grammatisch-historischen Exegese des Theodor von Mopsuestia als berechtigt anerkannt?

§ 5.

Was für eine Bibelübersetzung hat Išố'dâdh unter der Bezeichnung „Yaunayâ“ neben der Pešittâ zu Worte kommen lassen?

Išố'dâdh will in erster Linie die Pešittâ, oder wie er sich ausdrückt, den Syrer (cfr. Sach. 11, 5, Psalm 45, 1 und § 2 dieser Einleitung pag. XIV) kommentieren. Das bedarf für den, der nur einige Seiten aus den hier veröffentlichten Abschnitten seines Commentares gelesen hat, keines Beweises mehr. Nur zur Veranschaulichung des Verhältnisses des Išô'dâdh'schen Pešittâtextes zum Lee'schen textus receptus gebe ich folgenden Überblick:

Išô'dâdh weicht im Ganzen 69 × von Lee ab.[1] Von diesen 69 Varianten dürften sich 6 als blosse Schreibfehler erklären cfr. Hos. 1, 4 حمحى ملكا für حم ملكا*, und Pslm. 16, 3 وحاوحا für وحاوحا*; ferner die Auslassung der Sëyâmê in Hos. 6, 5 und 11, 4; die Auslassung des stummen ـ in حنه Pslm. 45, 10 und die Hinzufügung des stummen o in ححو Pslm. 45, 16. Sieben andere Varianten erklären sich aus der nestorian. Orthographie Išô'dâdhs, cfr. die Vermeidung des parasit. Yôdh in der 3. pers. sing. fem. Imperf. اجزـ Hos. 4, 18, اجزـحى Pslm. 68, 23, لعلم Pslm. 68, 31 und in der 3. pers. plur. fem. Perf. نعم Hos. 7, 9, die Auslassung des اin حبحى Hos. 9, 5 und die scriptio defectiva in ححا Pslm. 68, 21 und لله Hos. 7, 4. Auch 3 andere Abweichungen von Lee sind rein orthographischer Natur, cfr. وحلما* für وحلمى Hos. 12, 2, سحللـ* für سحللـ Sach. 9, 2 und وهو* für هو هو Hos. 7, 16. — Die übrigen 53 Varianten zerfallen in Wortvertauschungen, Worthinzufügungen und Wortauslassungen. Von den 22 Wortvertauschungen involvieren 7 nur eine andere grammatische Auffassung cfr. ؟ حلـ für ؟ حلكـ* Hos. 11, 5; حمنا معنا für

---

[1] Hierbei sind nur die im Commentar ausgelegten Bibelstellen berücksichtigt, da sich bei den bloss citierten Stellen schwer konstatieren lässt, ob Išô'dâdh wirklich wörtliche Citate geben will.

* Mit diesem Sternchen sind die Lesarten des von Ceriani photolithographisch herausgegeb. Codex Ambrosianus (Mediolani 1876 ff.) versehen.

*ܚܣܡܐ für ܠܚܘܡܚܠܐ *ܘܣܡ ܚܬܣܩܣ Sach. 11, 12; ܘܚܠܩܣܣܚܘ resp. ܚܬܣܦ' für ܚܬܣܦ* Sach. 14, 8; ܚܣܡܘܩ für ؟ ܘܠ'* Sach. 14, 10; ' ܚܠܟ für Pslm. 45, 15 und ܣܣܚܣܦ für ؟ ܣܠ'* Pslm. 45, 13. Andere (4) ändern doch wenigstens den Sinn nicht cfr. *ܘܠܐܘܘܦ ܚܣܣܡܐ für ܠܐܣܠܟ ܠܚܣܡܠܡܠ Joel 2, 31; ܐܪܠܠ für ܘܚܣܡ*Jon. 4, 5; ܘܠܣܚܐ für ܠܚܣܐ*Sach. 13, 7 und ܐܣܩܪ* für ܠܣܚܐ ܠܣܚܐ ܠܠܣܣ Pslm. 68, 34. — ܘܗܗܦ* für ܐܗܗ* Pslm. 68, 22 muss wohl als Hörfehler, ܘܚܘܗܣ* für ܐܚܘܗ* Pslm. 22, 3 aus dem Privatgebrauch des Psalters und ܐܠܥ* für ܐܠܬܝ* Hos. 2, 12 als constructio κατὰ σύνεσιν erklärt werden. So bleiben nur noch 8 Wortvertauschungen mit sinnverändernder Bedeutung cfr. Hos. 2, 12 *ܚܣܣܐܘ ܚܪܐ = „das Getier des freien Feldes" für ܚܣܣܐ ܘܚܪܐ = „das Getier der Trift"; Hos. 7, 4 *ܚܣܒܬ = „kochend" für ܚܣܒܬ = „die Ehe brechend"; Hos. 11, 3 ܚܪܒܟ = „ich schuf" für ܘܚܪܐ* = „ich führte"; Sach. 11, 5 ܠܛܠܣܚܡ = „die getötete" für ܩܣܠܚܐ* = „die kleine"; Sach. 11, 10 ܘܚܠܛܝ* = „er wird aufhören" für ܐܚܠܠ = „ich werde aufhören machen"; Sach. 12, 8 ܚܚܠܡܐܘ ܘܣܩܚܣܗ = „der Engel vor ihnen" für ܘܚܪܢܠ [ܠ]ܚܠܡܐ* = „der Engel des Herrn"; Pslm. 45, 1 ܚܚܬܝ ܠܚܣܠܚܠܡ = „meine Werke (gelten) dem Könige"[1] für ܚܚܬܝ ܡܠܚܠܡ* = „die Werke des Königs"; Pslm. 45, 8 ܚܪܣܚܠ ܠܚܠ = „mit gutem Golde" für ܚܪܣܚܠ* ܘܐܘܗܣܪ = „mit

---

[1] Diese Lesart wird allerdings nur als eine auf alten syrischen Handschriften beruhende Lesart Hanânâ's bezeichnet, ohne dass Išô'dâdh sie acceptiert hätte.

Golde von Ophir". — Von den 17 Worthinzufügungen wiegt am leichtesten die Hinzufügung des
ܘ = und (Hos. 2, 15; 8, 1; 9, 15; Joel 2, 10) und die
Hinzufügung des Dativus ethicus (Jon. 4, 1 ܠܟ zu ܡܢܬܐ*,
Jon. 4, 2 ܠܟ zu ܗܘܬܐ*). Das ܪܚܡ Pslm. 72, 5 ist als
Conformation an das Folgende zu erklären. Andere Worte
sind sichtbar paraphrastische Zusätze des Commentators,
so Hos. 4, 5 ܕ ܐܠܐ und Hos. 6, 5 ܡܢܬܐ, welche erklären
sollen, in welchem Sinne das vorhergehende ܠܚܒ gemeint ist; so Hos. 8, 1 ܠܚܒ und Joel 2, 20 ܕܠܬܘܐ, wo-
durch die mit dem vorhergehenden Suffix intendierte
Person bezeichnet werden soll. Auffallend und für die
Textgeschichte bedeutungsvoll ist Hos. 4, 3 ܪܣܗܐ, Joel 3
(Schluss) ܟܡܣܠܐܐ ܘܐܦܠ, Sach. 11, 17 ܪܐܚܡ*, Pslm. 68, 8
ܐܠܠܝܪܘ, Pslm. 45, 4 ܘܡܚܣܒ* und Pslm. 45, 16 ܠܚܣ. —
Zum Schluss kommen noch 14 Wortauslassungen.
Von diesen frappieren den Kenner der in Europa be-
findlichen Pešittâhandschriften am wenigsten die Auslassung des ܘ = et (Sach. 12, 8; Pslm. 16, 9; 68, 8) oder des
ܬܘܒ = ferner (Hos. 2, 16 u. Sach. 14, 21). Auch die
Auslassung des Dativ ethicus ܠܟ bei ܣܠܝ Jon. 1, 5 u.
des ܠܡܐܡܪܘ beim Beginne der direkten Rede Jon. 3, 2
kann für das indogerman. Sprachgefühl den Sinn kaum
modifizieren. Ähnliches gilt von ܐܢܬ = du Pslm. 68, 9,
da dieses Pronomen schon in der vorhergehenden Verbal-
form enthalten war, oder von dem Verb. infin. ܗܘܐ
nach ܐܬܕܟܝ Sach. 11, 11 und ܬܗܘܐ nach ܪܗܘ Sach 14, 12,
da die Zeitsphäre des Satzes beide Male durch den
Zusammenhang gegeben ist. Bedeutungsvoller scheint
indess die Auslassung des ܡܢܬܐ in Hos. 4, 16 u. Jon. 4, 6

und des ܚܪ in Hos. 13, 11, sowie auch die Schreibung ܟܡܚܪܝܐ für ܘܩܝܩܝܘܢ ܩܝܩ[ܠ]* in Jon. 4, 6.

Nun sind aber neben der Pešittâ von Išô'dâdh auch noch andere Versionen berücksichtigt. Insonderheit in den hier veröffentlichten Abschnitten aus Dodekapropheton und Psalter finden sich citiert:

Der Yaunayâ 42 Mal: Hos. 2, 2. 3, 2. 4, 4. 5, 14. 7, 4. 7, 11. 7, 14. (9, 4) 9, 8. 10, 11. 11, 4. 12, 2. 13, 9. 13, 15. 14, 7. Jon. 1, 10. 2, 7. 2, 8. 3, 4. 4, 2. Sach. 9, 7. 11, 2. 11, 8. 12, 3. 12, 11. 13, 7. 14, 5. 14, 8. Pslm. 16, 2. 16, 10. 22, 22. 45, 1 (2×). 45, 8. 68, 6. 68, 13. 68, 16. 68, 29. 69, 12. 69, 31. 72, 5. 72, 14.

Der 'Ebhrayâ 17 Mal: Hos. 1, 2. 3, 2. 4, 4. 14, 9. Jon. 1, 10. Sach. 9, 7. 11, 5. 11, 7. 12, 11. 14, 21. Pslm. 16, 2. 16, 4. 45, 8. 68, 4. 68, 13. 68, 16. 72, 5.

Symmachus 4 Mal: Hos. 12, 12. Pslm. 16, 3. 68, 13. 68, 16.

Theodotion 1 Mal: Hos. 12, 12.

Vor diesem Thatbestand mag man sich drehen und wenden, wie man will, er beweist zum mindesten so viel, dass die bisherige Annahme von der absoluten Allein- herrschaft der Pešittâ bei den Nestorianern unhaltbar ist. Auch bei den Nestorianern hat die Pešittâ ihre Rivalinnen, oder doch wenigstens eine Rivalin gehabt.

Die vornehmste Stellung unter den citierten Versionen nimmt in Išô'dâdh's Augen ohne Frage der Yaunayâ ein. Das veranschaulicht schon das Zahlenverhältnis 42 : 17 : 4 : 1. Das beweist auch die Art und Weise ihrer Verwertung. Man beachte nur zweierlei: 1. Der Yaunayâ wird auch da citiert und erklärt, wo der Pešittâ noch nicht einmal ge- dacht wird cfr. Hos. 5, 14. 12, 2. (Jon. 1, 10). Jon. 3, 4.

2. Nur die Lesarten des Yaunayâ werden gleich denen der Pesittâ einer besonderen Erklärung gewürdigt cfr. Hos. 5, 14. 7, 4. 7, 11. 7, 14. 9, 8. 11, 4. 12, 2. (13, 15?) Jon. 3, 4. Sach. 11, 8. 12, 11. 14, 8. Pslm. 68, 6. 68, 16. 68, 29.

Was für ein Werk citiert Išô'dâdh im Yaunayâ? „Der selige Iyôbh ist nach der Überlieferung (Ausgabe) der LXX ein Edomiter von Geburt gewesen. Also steht nämlich im Yaunayâ am Ende seines Buches geschrieben u. s. w." Aus diesen Worten Išôdâdh's (cfr. pag. XXIV) geht mit unwiderleglicher Gewissheit hervor, dass er unter dem Yaunayâ das Werk der LXX versteht. Ja, da einem Nestorianer des IX. Jahrhunderts kaum noch so viel griech. Sprachkenntnisse zugetraut werden dürfen, dass er imstande gewesen sein sollte, für sich selbst den griech. LXX-Text je nach Bedürfnis zu übersetzen, da ferner die Erwähnung „des Syrers, der aus dem Hebräer übersetzt ist" (cfr. pag. XXIV, Fussnote 3) im Geiste des Schriftstellers „einen Syrer, der aus dem Griechen übersetzt ist" als bekannte Grösse voraussetzt, so darf auch das als ausgemacht gelten, dass wir in Išô'dâdh's Yaunayâ eine syrische Übersetzung der LXX vor uns haben.

Aber welche syrische Übersetzung ist es nun, die Išô'dâdh in seinem Yaunayâ anführt? Wie aus den Angaben seiner Einleitung zum ganzen alttestamentlichen Commentare (cfr. pag. XIV f.) hervorgeht, kennt er sowohl den hexaplarischen LXX-Text des Origenes, wie auch den des antiochenischen Märtyrers Lucian. Er könnte also mit seiner syrischen Übersetzung entweder einen Syrohexaplaris, wie den des Paul von Tellâ, oder einen Syrolucianus, wie den des Philoxenus von Mabûgh im Auge haben. Ja, wenn Išô'dâdh auf dem Gebiete der Textkritik dieselbe kritiklose Vermittlungssucht an den Tag legen sollte, wie wir sie im

nächsten § auf dem Gebiete der Hermeneutik konstatieren
werden, dann wäre es auch denkbar, dass er in seinem
Yaunayâ sowohl einen Syrohexaplaris, als auch einen
Syrolucianus citierte. Das Letztere ist in der That der
Fall.

Betrachten wir zunächst einmal die 42 Lesarten, die
Išô'dâdh unter dem Titel des Yaunayâ anführt. Sie zerfallen in drei Gruppen: a) solche, die mit dem Syrohexaplaris des Paul von Tellâ übereinstimmen, b) solche, die
wohl denselben griechischen Text der Hexapla, aber einen
andern Übersetzer als Paul von Tellâ verraten, c) solche,
die einen andern griechischen Text voraussetzen und darum
auch eine andere Übersetzung bieten.

ad a)

Wenn die Wortumstellung in Jon. 2, 7 nur handschriftl.
Variante ist und die Textverderbnis in Sach. 12, 11 nur
auf einen gemeinsamen Fehler in der handschriftlichen Vorlage von L und I zurückgeht, wenn ferner die Sĕyâmê in
Pslm. 68, 18 und das doppelte ܠܐ in Pslm. 45, 1 nur Schreibfehler sind, dann stimmt Išô'dâdh's Yaunayâtext an 12 Stellen
(von 42) vollständig mit dem Syrohexaplaris des Paul von
Tellâ überein: Hos. 7, 11. 12, 2. Jon. 2, 7. 3, 4. Sach. 11, 2.
12, 11. 14, 8. Psalm 45, 1a u. b. 68, 18. 72, 5. 72, 14.

ad b)

1) Hos. 2, 2: ἐκ προσώπου μου

Iš. Gr.: ܡܢ ܐܦܝ, Paul v. T.: ܡܢ ܩܕܘܡܗܐ ܕܝܠܝ

2) Hos. 4, 4: ὁ δὲ λαός σου

Iš. Gr.: ܚܡܣܝ[ܘ], Paul v. T.: ܥܡܐ ܕܝܢ ܕܝܠܟ

3) Hos. 5, 14: ἐγώ εἰμι

Iš. Gr.: ܐܢܐ ܐܝܬܘܗܝ, Paul v. T.: ܐܢܐ ܐܝܬܝ

4) Hos. 7, 4: πάντες μοιχεύοντες

Iš. Gr.: ܚܡܝܢ (ܡܚܘܘ) (Schreibfehler?), Paul v. T.: ܡܚܘܘ ܚܡܝܢ

5) Hos. 7, 14: ἐπὶ σίτῳ

Iš. Gr.: ܚܩܘܒܪ ܥܠܐ ܘܒܒܐ, Paul v. T.: ܒܥܠ ܢܗܐ

6) Hos. 9, 8: τὰς ὁδοὺς αὐτοῦ

Iš. Gr.: ܐܘܖܚܘܬܗ, Paul v. T.: ܐܘܖܚܬܗ ܘܕܠܗ

7) Hos. 13, 9: τῇ διαφθορᾷ σου

Iš. Gr.: ܒܚܒܠܘܬܟܘܢ, Paul v. T.: ܕܡܠܘ ܒܚܒܠܘܬܟܘܢ

8) Hos. 14, 7: ὡς λιβάνου

Iš. Gr.: ܐܝܟ ܕܠܒܢܐ, Paul v. T.: ܐܝܟ ܕܠܒܢܐ

9) Jon. 1, 10: οἱ ἄνδρες, ὅτι ἐκ προσώπου κυρίου

Iš. Gr.: ܓܒܖܐ ܗܘ ܕܡܢ ܩܕܡ ܡܖܝܐ, Paul v. T.: ܚܙܝܢ ܘܕܠܝ ܡܢ ܩܕܡܘܗܝ ܕܡܖܝܐ

10) Jon. 1, 10: ὅτι ἀπήγγειλεν αὐτοῖς

Iš. Gr.: ܥܠ ܕܚܘܝ ܐܢܘܢ, Paul v. T.: ܕܐܘܕܥ ܐܢܘܢ

11) Jon. 2, 8: καὶ ἔλθοι πρὸς σέ ἡ εὐχή μου

Iš. Gr.: ܘܬܥܘܠ ܨܠܘܬܝ ܠܘܬܟ, Paul v. T.: ܘܬܐܬܐ ܠܘܬܟ ܨܠܘܬܝ

12) Sach. 11, 8: ἐπωρύοντο

Iš. Gr.: ܢܗܡܘ, Paul v. T.: ܢܒܚܝܢ ܗܘܘ

13) Sach. 12, 3: ἐμπαίζων ἐμπαίζεται

Iš. Gr.: ܡܡܝܩܝܢ ܒܥܡܡܐ, Paul v. T.: ܡܚܪܡܗ ܢܚܪܡ

14) Sach. 14, 5: ἀπὸ προσώπου τοῦ σεισμοῦ

Iš. Gr.: ܡܢ ܩܕܡ ܪܥܠܐ, Paul v. T.: ܡܢ ܩܕܡܘܗܝ ܕܙܘܥܐ

15) Pslm. 16, 2: οὐ χρείαν ἔχεις

Iš. Gr.: ܠܟ ܐܢ̄ܬ ܣܢܝܩ ‖, Paul v. T.: ‖ ܣܢܝܩ ܐܢ̄ܬ ܠܟ

16) Pslm. 22, 22: τὴν ταπείνωσίν μου

Iš. Gr.: ܡܘܟܟܝ, Paul v. T.: ܡܘܟܟܐ ܕܝܠܝ

17) Pslm. 68, 6: (ἐξάγων) πεπεδημένους ἐν
ἀνδρίᾳ, ὁμοίως τοὺς παραπικραίνοντας,
τοὺς κατοικοῦντας ἐν τάφοις

Iš. Gr.: (ܡܦܩ) ܐܣܝܪ̈ܐ ܒܓܒܪܘܬܐ ܗܟܢܐ ܠܡܡܪܡܪ̈ܢܐ ܠܥܡܘܪ̈ܐ
ܕܩܒܪ̈ܐ, Paul v. T.: (ܡܦܩ) ܠܐܣܝܪ̈ܐ ܒܓܒܪܘܬܐ ܐܟܘܬܗܘܢ
ܠܐܝܠܝܢ ܕܡܡܪܡܪܝܢ ܥܡܘܪ̈ܐ ܕܩܒܪ̈ܐ

18) Pslm. 68, 13: ἀνὰ μέσον τῶν κλήρων

Iš. Gr.: ܒܝܬ ܦܨ̈ܐ, Paul v. T.: ܡܨܥܬ ܦܨ̈ܐ

19) Pslm. 68, 29: ἀπὸ τοῦ ναοῦ σου ἐπὶ Ἰε-
ρουσαλήμ

Iš. Gr.: ܡܢ ܗܝܟܠܟ ܕܥܠ ܐܘܪܫܠܡ, Paul v. T.: ܡܢ
ܗܝܟܠܟ ܕܥܠ ܐܘܪܫܠܡ

20) Pslm. 69, 12: τὸν οἶνον

Iš. Gr.: ܚܡܪܐ, Paul v. T.: ܚܡܪܐ

21) Pslm. 45, 8: θυγατέρες βασιλέων ἐν τ-
τιμῇ σου

Iš. Gr.: ܒܢ̈ܬ ܡ̈ܠܟܐ ܒܐܝܩܪܟ, Paul v. T.: ܒܢ̈ܬ ܡ̈ܠܟܐ
ܒܐܝܩܪܐ ܕܝܠܟ

ad c)

1) Hos. 3, 2

Iš. Gr.: κόρου (κριθῶν) — (ܕܣܥܪ̈ܐ) ܟܘܪܐ

Paul v. T.: (καὶ) γόμορ κριθῶν — ܟܘܪܐ ܕܣܥܪ̈ܐ (ܘ)

2) Hos. 10, 11

Iš. Gr.: καὶ παρασιωπήσομαι Ἰούδαν = ܝܗܘܕܐ ܘܐܫܬܘܩ

Paul v. T.: (καὶ) σιωπήσω περὶ (?) Ἰούδα = ܝܗܘܕܐ ܥܠ ܐܫܬܘܩ(ܘ)

3) Hos. 11, 4

Iš. Gr.: κατὰ τὰς ὠδῖνας τῆς γινομένης εἵλκυσα (αὐτοὺς) =
ܐܢܘܢ ܢܓܕܬ ܕܗܘܝܐ ܚܒܠܐ ܐܝܟ (ܐܢܘܢ)

Paul v. T.: ἐν διαφθορᾷ ἀνθρώπων ἐξέτεινα αὐτοὺς =
ܐܢܘܢ ܦܫܛܬ ܕܒܢܝܢܫܐ ܒܚܘܒܠܐ

4) Hos. 13, 15

Iš. Gr.: ἐπ' αὐτὸν = ܥܠܘܗܝ

Paul v. T.: ἐπ' αὐτοὺς = ܥܠܝܗܘܢ

5) Jon. 1, 10

Iš. Gr.: ἔφυγεν = ܥܪܩ

Paul v. T.: ἦν φεύγων = ܐܝܬܘܗܝ ܗܘܐ ܕܥܪܩ

6) Jon. 4, 2

Iš. Gr.: μετανοῶν ἐπὶ τῇ κακίᾳ = ܡܬܬܘܐ ܐܢܐ ܥܠ ܒܝܫܬܐ

Paul v. T.: μετανοῶν ἐπὶ ταῖς κακίαις = ܡܬܬܘܐ ܥܠ ܒܝܫܬܐ

7) Sach. 9, 7

Iš. Gr.: ὡς Ἰεβους = ܐܝܟ ܝܒܘܣ

Paul v. T.: ὡς Ἰεβουσαῖος = ܐܝܟ ܝܒܘܣܝܐ

8) Sach. 13, 7

Iš. Gr.: ἐπὶ τοὺς ποιμένας μικροὺς = ܥܠ ܪܥܘܬܐ ܙܥܘܪܐ

Paul v. T.: ἐπὶ τοὺς μικροὺς = ܥܠ ܙܥܘܪܐ

9) Pslm. 16, 2

Iš. Gr.: τοῦ ἀγαθοῦ μου = ܚܠܦ ܛܒܬܐ ܠܝ

Paul v. T.: τῶν ἀγαθῶν μου = ܛܒܬܐ ܕܝܠܝ

10) Pslm. 16, 10

Iš. Gr.: οὐκ ἐνκαταλείπεις = ܠܐ ܬܫܒܘܩ ܐܢܬ

Paul v. T.: οὐκ ἐνκαταλείψεις = ܠܐ ܬܫܒܘܩ

11) Pslm. 22, 22

Iš. Gr.: μονοκερώτου = ܕܪܝܡܐ

Paul v. T.: μονοκερώτων = ܪܝܡܐ

12) Pslm. 69, 31

Iš. Gr.: ἀρέσω = ܐܫܦܪ

Paul v. T.: ἀρέσει = ܢܫܦܪ

Es liegt auf der Hand, dass in vielen der hier aufgezählten Stellen eine andere Übersetzung als die des Paul
von Tella vorliegt. Schon für die Mehrzahl der sub b) genannten 21 Varianten muss das zugegeben werden. Wohl
mag die Bevorzugung des Pronomen possessivum suffixum
vor dem Pron. poss. separatum (cfr. No. 1. 2. 6. 7. 16. 21)
aus dialektischer Liebhaberei, und das genuin syrische
ܐܦܐ für ܦܪܨܘܦܐ cfr. No. 1 und ܡܢ für ܕ ܦܪܨܘܦܐ cfr. Nr. 9
und 14 aus dogmatischer Pedanterie (ܦܪܨܘܦܐ = πρόσωπον)
Išốdâdh's erklärt werden. Auch mögen einige Varianten
mit einem Hinweis auf eine freiere Citationsweise Išốdâdh's
oder auf handschriftliche Varianten im Syrohexaplaris ihre
Erklärung finden. Aber Stellen wie No. 5. 8. 10. 11. 12. 13. 15.
17. 18. 19. 20 deuten mehr oder weniger auf einen anderen
Übersetzer als Paul von Tellâ. — Auch die sub c) aufgezählten 12 Varianten weisen uns nach dieser Richtung hin.
Ja, sie beweisen uns sogar, dass jenem uns unbekannten
Übersetzer eine andere Recension der griechischen LXX
vorgelegen haben muss, als der Hexaplatext des Origenes.
Zwar konnte ich 3 von diesen 12 Varianten (nämlich

No. 5. 7. 12) weder in einer der mir zugänglichen Versionen des A. T.'s, noch auch in einer der bei Pearsons und Holmes verwerteten LXX-Handschriften auffinden. Und auch das bietet keine neuen Gesichtspunkte, dass Stellen wie No. 4. 11 nur den Textus receptus (Pearsons und Holmes), andere wie No. 1 und 10 nur die Lesart der Armenischen Version resp. des Psalterium Graeco-latinum Veronense (Swete R) repräsentieren. Aber da die Stellen No. 3 und 8 die Lesart der lucianischen[1] Minuskeln Pearsons und Holmes 22. 36. 51. 62. (147) bieten, und die Stellen No. 6 und 9 an den hebräischen Text erinnern, so muss nach allem, was wir bis jetzt von der lucianischen Recension wissen[2] der Grieche Išô'dâdh's als ein Textus syro-lucianus angesehen werden.

Dennoch bleibt es über allen Zweifel erhaben, dass Išô'dâdh in seinem Yaunayâ auch den Syrohexaplaris des Paul von Tellâ citiert. Denn:

1) Išô'dâdh's Yaunayâ stimmt an 12 Stellen vollständig mit dem Texte des Syrohexaplaris des Paul von Tellâ überein, cfr. oben ad a).

2) Išô'dâdh's Yaunayâ muss, wie aus der häufigen Anführung des 'Ebhrayâ, Symmachus und Theodotion hervorgeht, die Lesarten dieser Versionen so zahlreich an seinem

---

[1] Über die Minuskeln, welche die lucian. Recension repräsentieren cfr. Ceriani: Le recensioni dei LXX e la versione latina (Nota letta al R. Istituto Lombardo 18. Febr. 1886).

[2] Auf Grund der Zeugnisse von Suidas, Theodoret und Hieronymus fasst Field, Origenis Hexaplorum, quae supersunt in totum V. T. fragmenta, Oxonii 1875 Tom. I. pag. LXXXVI sein Urteil dahin zusammen: E quibus testimoniis indubitate colligi potest, Luciani editionem non novam ex Hebraeo versionem fuisse, sed venerandae seniorum versionis recensionem sive ἐπαναρϑωσιν Hebraeo convenientiorem factam.

Rande verzeichnet gehabt haben, dass wir eine ähnliche Erscheinung nur im Syrohexaplaris des Paul vou Tellâ aufzufinden vermögen.[1]

3) Išô'dâdh citiert nur solche Stellen aus Cyrill von Alexandrien, die entweder am Rande oder am Schlusse der prophetischen Texte der Cerianischen Ausgabe des Syrohexaplaris eingetragen sind cfr. Hos. 9, 8. Jon. 4, 6. Sach. 11, 7. 12, 11.

4) Barhebraeus, der Išô'dâdh (direkt oder indirekt) excerpiert und in seinen Excerpten auch einige Yaunayâcitate aus der Vorlage mit herübernimmt, würde unmöglich im Proömium zu seinen Scholien behauptet haben, dass er die Übersetzung des Paul von Tellâ citiere, wenn er nicht wirklich eine Reihe von Syrohexaplacitaten bei Išô'dâdh gefunden hätte.

Išô'dâdh's Yaunayâ ist also zum Teil dem Syrolucianus eines Unbekannten, zum Teil dem Syrohexaplaris des Paul von Tellâ entnommen.[2] Er ist eine Zwittergestalt, deren Entstehung ich mir auf folgende Weise zu erklären versuche: Die Nestorianer haben von Alters her neben der Pesittâ einen Syrolucianus gehabt. Ob dieser Syrolucianus eine vollständige Übersetzung des griechischen A. T.'s war,

---

[1] Die bei Ephraem auftretenden Citate aus 'Ebhrayâ, Symmachus und Theodotion etc. weisen allerdings nicht auf den Syrohexapl. des Paul v. Tellâ, aber die sind auch lange nicht so zahlreich wie die bei Išô'dâdh; cfr. Credner, de prophetarum minorum versionis Syr. indole Götting. 1827 pag. 48 ff. und Rödiger, Hallische Literaturzeitung 1832, No. 6 pag. 43 f.

[2] Wenn Kerber in Z.A.W. 1898 pag. 195 beobachtet, „dass in einer Anzahl von Stellen die von Barhebraeus citierte Syrohexaplar. Übersetzung dem Texte Lucians folgt", so erklärt sich diese Beobachtung natürlich aus der Abhängigkeit des Barhebraeus von Išô'dâdh.

wie eine solche dem Mâr 'Abhâ[1] zugeschrieben wird, oder
ob er nur diejenigen Bibelstellen enthielt, die in und mit
den Commentaren des Theodor von Mopsuestia durch
Männer wie Prûbhâ, Kûmâ und Mâr 'Abhâ übersetzt waren,
lasse ich vorläufig dahingestellt. In Jedem Falle muss er
säuberlich unterschieden werden von dem Syrolucianus des
Monophysiten Philoxenus von Mabûgh, dessen alttestament-
liche Fragmente Ceriani in Monumenta sacra et profana
Tom. V, I, pag. 5 links und pag. 9—40 zusammengestellt
hat.[2] Die wichtigsten Varianten unseres nestorianischen
Syrolucianus mussten in allen vollständigeren nestorianischen
Commentaren neben dem Pešittâtexte mit aufgezeichnet
werden, wenn anders die einen griechischen Text auslegende
Erklärung des Mopsuesteners überhaupt verstanden werden
sollte. Jahrhunderte lang mögen auf diese Weise die
nestorianischen Commentatoren die Lesarten ihres alten
Syrolucianus sub Yaunayâ, denen der Pešittâ gegenüber
gestellt haben. Auch Išô'dâdh ist hierin dem Vorbilde
seiner nestorianischen Väter und Vorlagen gefolgt. Das
Neue und Unerhörte seiner schriftstellerischen Thätigkeit
bestand nur darin, dass er — ein Opfer seiner kritiklosen
Vermittlungssucht (cfr. den nächsten Paragraphen) — auch
die Lesarten des monophysitischen Yaunayâ d. h. des Syro-

---

[1] cfr. die hierher gehörige Litteratur bei Assem. B. O. III, I pag. 75.
Dass wirklich all die dort aufgezählten Nachrichten so leicht bei Seite
geschoben werden dürfen, wie Braun l. c. pag. 96 thut, halte ich für
höchst unwahrscheinlich. Von meinem Standpunkt aus brauchte nur
die Abfassung der Mâr 'Abhâ'schen Bibelübersetzung in Ägypten, wo
doch der hesychianische LXX-Text herrschte, fallen gelassen zu werden.

[2] So schreibt z. B. Jes. 9, 6 Išô'dâdh's Syroluc.: ܡܠܟܐ ܘܡܠܐܟܐ
ܘܚܝܠܐ ܐܚܕ ܘܡܠܐܟܐ ܡܬܕܪܓ. Dagegen Philoxenus (cfr. l. c. pag. 5):
ܡܠܐܟ ܠܐܚܕܐ. ܐܠܗܐ ܣܠܛܐ. ܐܕܗܐ. ܡܠܐܟܐ. ܘܡܥܐ. ܡܠܐܟ ܚܐ ܡܐ
ܘܡܥ. ܘܡܥ. ܐܚܕ ܘܚܝܠܐ ܘܚܝܠ. Und so finde ich auch Jes. 46, 3 und
49, 12 noch Differenzen.

hexaplaris des Paul von Tellâ in seine Commentare mit herübernahm und so in seinem Yaunayâ eine Zwittergestalt schuf, die den modernen Bibelforschern wahrscheinlich noch manche Stunde des Kopfzerbrechens bereiten wird. Einen Erfolg freilich hat Išô'dâdh mit diesem seinem Synkretismus auf dem Gebiete der Textkritik gehabt: Er wurde von den späteren Monophysiten wie wenig Söhne ihrer eignen Kirche verehrt und verarbeitet.

§ 6.

Hat Išô'dadh neben der grammatisch-historischen Exegese des Theodor von Mopsuestia auch die allegorische Schriftauslegung der von ihm citierten monophysit. Autoritäten als berechtigt anerkannt?

Išô'dâdh hat ein reiches Quellenmaterial benutzt. Soviel sich nachweisen lässt, hat er verwertet:

Im Commentar zu Hosea:	Theodor circa	53 ✕
	Ephraem „	9 ✕
	Hanânâ[1] „	3 ✕
	Cyrill „	1 ✕

---

[1] Der Anteil der spezifisch nestorian. Autoritäten konnte, da ihre Werke verloren gegangen sind, natürlich nur nach den ausdrücklich als Citate gekennzeichneten Stellen bemessen werden. Da Išô'dâdh indess einen Theodor und Ephraem viel häufiger benutzt, als er angiebt, so darf auch eine weit umfangreichere Verwertung von Hanânâ und Qatrâyâ angenommen werden als die offenkundigen Citate zugeben. Namentlich an solchen Stellen, wo Išô'dâdh anhebt mit den Worten: „Und es wird die Frage aufgeworfen" und dann die Antwort bringt (cfr. Hos. 1, 2. 1, 4; Joel 2, 20; Jon. 3, 1) oder da, wo er gleich drei, vier, fünf verschiedene Erklärungsversuche einer Bibelstelle an einander reiht (cfr. Hos. 1,2; Jon. 3,1; Sach. 12,10), scheint er vorzugsweise nestorianisches Material, vielleicht die exeget. Diskussionen der nestorian. Hochschullehrer verwertet zu haben.

Im Commentar zu Joel:	Theodor circa	12 ✕
	Ephraem „	1 ✕
	Hanânâ „	2 ✕
	Qaṭrâyâ „	1 ✕
Im Commentar zu Jona:	Theodor „	19 ✕
	Ephraem „	2(4 ✕)
	Cyrill „	1 ✕
	Diodor „	1 ✕
Im Commentar zu Sach. IX—XIV:	Theodor „	27 ✕
	Ephraem „	11 ✕
	Cyrill „	2 ✕
	Josephus „	1 ✕

Diese Tabelle lehrt mit aller nur wünschenswerten Deutlichkeit, dass die Hauptmasse der hier veröffentlichten Commentare Išô'dâdhs auf Theodor zurückgeführt werden muss. Und wenn wir weiter im Auge behalten, dass wenigsten nach Massgabe des griechischen Originales[1], von sämtlichen 111 Citaten aus Theodor circa 81 (in Hos. 37; in Joel 8; in Jona 14; in Sach. 22) wörtlich oder doch fast wörtlich und nur circa 30 (in Hos. 16; in Joel 3, in Jona 4, in Sach. 7) dem Sinne wiedergegeben sind, so dürfen wir gewiss die Erwartung hier aussprechen, dass Išô'dâdh's Commentar zum A. T. sich durch künftige Publikationen als der vornehmste Ersatz für die verloren gegangenen Commentare des Theodor von Mopsuestia bewähren wird.

---

[1] Da die Werke Theodors nachweislich (cfr. Assem. III, 1 pag. 30) schon früher aus dem Griechischen ins Syrische übersetzt worden sind, so hat Išô'dâdh natürlich eine syrische Übersetzung derselben vor sich gehabt. Ja, da ausdrücklich einmal (Sach. 12, 10) der „fortlaufende Text oder Wortlaut" des Auslegers den sonstigen Citaten aus Theodor gegenübergestellt wird, so nehme ich an, dass Išô'dâdh im Allgemeinen nur einen Auszug aus Theodors Commentaren (ähnlich wie der, den Baethgen in Z.A.W. 1885 pag. 53—101 beurteilt) benutzt hat.

Wie glänzend sich diese Erwartung rechtfertigt, das hoffe ich in kurzer Frist an Išô'dâdh's Jobkommentar zu beweisen.

Viel wichtiger freilich für den Zweck der vorliegenden Untersuchung ist es, darauf hinzuweisen, dass Išô'dâdh neben Theodor auch andere Autoritäten verwertet hat und zwar unter ausdrücklicher Nennung ihres Namens. Denn beachtet man, dass auf der am 3. Mai 596 abgehaltenen Synode des Katholikus Sabhrîšô' (cfr. Braun l. c. pag. 285) beschlossen wurde: „Wir verstossen und anathematisieren alle, welche die Erklärungen, Überlieferungen und Lehren des seligen Theodor, des Commentators und erprobten Lehrers, ablehnen, welche fremde, neue Überlieferungen von Geschwätz und Lästerungen einzuführen streben"[1] — so beweist doch diese einfache Thatsache der Citation fremder Autoritäten an sich schon so viel, dass Išô'dâdh die Alleingültigkeit der Theodor'schen Commentare im Sinne der nestorianischen Kirche nicht anerkannt hat.

Im Allgemeinen zwar hütet sich Išô'dâdh bei Zusammenstellungen von verschiedenen Erklärungsversuchen einer Schriftstelle, sich persönlich für diese oder jene Erklärung zu entscheiden, also dass jene Zusammenstellungen lediglich aus dem Bestreben nach gelehrter Vollständigkeit hervorgegangen zu sein scheinen. Aber Joel 2, 18 wird ausdrücklich auch die nicht-theodor'sche Ansicht als exegetische Möglichkeit hingestellt, Jon. 3, 9 wird eine Auslegung Theodor's geradezu als unwahr (-scheinlich) bezeichnet und Hos. 4, 8 entscheidet sich Išô'dâdh im Schlusssatze sogar direkt gegen Theodors Auffassung. — Besonders charakteristisch ist in dieser Beziehung auch die im Appendix ver-

---

[1] Ähnlich die Beschlüsse der unter dem Katholikus Išô'yahb I abgehaltenen Synode von 585/86 cfr. Braun l. c. pag. 198.

öffentlichte Auslegung Išô'dâdh's von Psalm 16. 22. 68. 69. 72. Alle diese Psalmen sind von Theodor rein historisch ausgelegt worden. Das geht auf's deutlichste aus dem von Baethgen (l. c.) behandelten nestorianischen Psalmenkommentar hervor, für Psalm 16. 22. 69 wirds ausserdem noch aktenmässig durch die Beschlüsse des 5. ökumenischen Konzils bezeugt. Wie hat Isô'dâdh diese Psalmen ausgelegt? Nun gewiss, er hat sie zunächst in Übereinstimmung mit seiner Hauptquelle rein historisch gefasst. Aber, abgesehen vom 69. Psalm hat er überall — und zwar so ungeschickt wie irgend möglich — das Pfropfreis der messianischen Erklärung darauf gepfropft. Bei Psalm 16 und 72 ist dies sofort aus den Schlussbemerkungen klar, bei Psalm 22 freilich nur dann, wenn man zugiebt, dass in der zweiten Hälfte der Einleitung um ihrer Anspielung auf den Schluss von Psalm 16 willen Išô'dâdh's eigne Ansicht verborgen sein muss, und bei Psalm 68 (cfr. v. 18) nur dann, wenn man im Auge behält, dass nach Theodors Ansicht die Fakta des Lebens Jesu jeder Bibelstelle, die eine gewisse Ähnlichkeit der Ereignisse aufzuweisen hat, den Charakter einer messianischen Weissagung aufprägen.

Und nun frage ich: Wie konnte ein nestorianischer Schriftsteller sich solche Correcturen der Theodor'schen Commentare erlauben? Wie konnte er insonderheit in Psalm 16 und 22 die messianische Erklärung hinzufügen? Trat er mit diesem letzten Gewaltakte nicht geradezu auf den Standpunkt des 5. ökumenischen Konzils, mit einstimmend in das Verdammungsurteil gegen Theodor?

Man kann hier freilich einwenden, dass Išô'dâdh mit alledem Theodor's Anschauungen doch eigentlich nur in exegetischen Einzelfragen modifiziert habe, in diesen aber müsse doch auch in der nestorianischen Kirche bei aller Verherrlichung Theodors eine gewisse Freiheit gewesen sein, wenn nicht jede Regung selbständigen Denkens gleich von vornherein erstickt werden sollte. Die Hauptsache sei doch, dass der prinzipielle Standpunkt Theodors nicht verletzt werde. Und das nötigt uns zum Schluss noch auf eine Frage einzugehen, die für Theodor und seine Exegese die eigentliche Prinzipienfrage gewesen ist.

Es ist bekannt, dass Theodor der einzige noch erhaltene Schriftsteller der alten Kirche ist, der die sogenannte grammatisch-historische Methode der Schriftauslegung bis in die letzten Konsequenzen durchgeführt hat. Einen doppelten Schriftsinn kann es für seinen Standpunkt nicht geben. Die tropischen Redeweisen der Schrift, die denen, „die da fliegen wollen und nicht Schritt für Schritt weiter gehen" (so Adrian), so leicht Anlass zu müssigen Spekulationen wurden, werden von ihm auf ihren eigentlichen Sinn reduziert. Messianische Weissagungen im eigentlichen Sinne des Wortes d. h. Wortweissagungen giebt es für ihn nicht. Die Schriftstellen, die man so nennt, sind Weissagungen auf mehr oder weniger naheliegende Fakta der Zeitgeschichte Israels und müssen darum zunächst immer zeitgeschichtlich verstanden werden. Wenn sie dennoch auch von ihm als Weissagungen auf Christum gefasst werden, so begründet er das damit, dass die hyperbolische Redeweise des alten Testaments, die über die Wirklichkeit in der Geschichte Israels hinausging, ihre volle Bewahrheitung erst durch die Fakta des Lebens Christi erhielt. Das etwa ist Theodors Ansicht.[1]

Wie steht nun Išôʻdâdh zu diesen Grundsätzen? Nun, im Allgemeinen stimmt er damit überein und zwar einfach deshalb, weil er die Hauptmasse seiner Ausführungen dem

---

[1] Näheres über Theodor's exegetische Grundsätze siehe bei Merx, die Prophetie des Joel und ihre Ausleger, Halle a. S. 1879 pag. 126—36, an dessen Ausführungen ich mich hier anlehne.

Theodor entlehnt hat. Die sogenannten Tropen der heil. Schrift werden auf ihren eigentlichen Sinn zurückgeführt, z. B. die Metapher Pslm. 69,1 (cfr. Adrian § 108)[1], die Parabel Joel 1, 19 (cfr. Adrian § 73), die Synekdoche Hos. 2,15. 9,4. 10,9 (cfr. Adrian § 111), das Hypodeigma Sach. 11,2 (cfr. Adrian § 112), die Allegorie Joel 1,7 (cfr. Adrian § 120), die Hyperbel Joel 2,10 und Sach. 14,6 (cfr. Adrian § 121), das Aenigma Hos. 4,3 (cfr. Adrian § 125) u. s. w.

Die sogenannten messianischen Weissagungen (cfr. Joel 2,28; Sach. 9,10; auch Pslm. 16. 22. 68. 72) werden immer in erster Linie zeitgeschichtlich verstanden.

Das Recht, diese Stellen in zweiter Linie auch als Realweissagungen auf Christum u. s. w. zu fassen, wird Pslm. 68,18 (vergl. auch das: „Allein wegen der Aehnlichkeit der Thaten" in der Einleitung zu Pslm. 72) genau so begründet, wie bei Theodor (cfr. Merx l. c. pag. 128).

Dennoch hat Išô'dâdh gelegentlich auch einen doppelten Schriftsinn zugelassen d. h. prinzipiell den Standpunkt Theodors verlassen und die allegorische Schriftauslegung der von ihm citierten monophysit. Autoritäten als berechtigt anerkannt. Ich will hier weniger Nachdruck legen auf Stellen wie Hos. 3,2, wo die „15 Denare" auf „den 15ten Nisan" und Sach. 11,7, wo die „beiden Stäbe" auf „Gesetz und Evangelium" gedeutet werden. Denn diese beiden Stellen sind aus Ephraem und Cyrill entlehnt und scheinen Išô'dâdh's eigene Ansicht nicht wiederzugeben.

Wohl aber muss ich verweisen auf Joel 3,18, wo unter der „Quelle, die vom Hause des Herrn ausgeht" „die Versöhnung und Belehrung durch die Priester" und Sach. 14,8,

---

[1] Ich lehne mich hier absichtlich an die Terminologie Adrians, als des genuinsten Repräsentanten der antiochenischen Theologie, an und bitte seine εἰσαγωγὴ εἰς τὰς θείας γραφὰς nach Goessling's Ausgabe, Berlin 1887 zu vergleichen.

wo unter dem „lebendigen Wasser" „die lebendig machende Lehre" verstanden wird. Denn diese beiden Stellen müssen nach dem Befund unserer Quellenuntersuchung sowohl wie auch nach ihrer Ausdrucksweise als Išôʿdadh's eigenstes Eigentum angesehen werden. Wichtiger noch ist die Thatsache, dass in der Vorrede zum Hohenlied (cfr. pag. XXII) Gregor von Nyssa und Chrysostomus als „(anerkannte) Lehrer und orthodox" dem Theodor von Mopsuestia gleichgestellt werden und im unmittelbaren Anschluss daran nur eine Auslegung der schwierigen Worte des Hohenliedes proponiert wird, damit ja nicht etwa irgend einer der genannten Lehrer verletzt werde. Denn weshalb scheut sich denn Išôʿdadh, Gregor von Nyssa und Chrysostomus hier zu nahe zu treten? Nur deshalb, weil er die von diesen monophysitischen Schulautoritäten vertretene allegorische Auslegung des Hohenliedes für ebenso berechtigt hielt wie die grammatischhistorische Auslegung des Theodor von Mopsuestia.

§ 7.

Wie erklärt sich die dargelegte heterodoxe Stellung Išôʿdadh's innerhalb der nestorianischen Kirche?

Auf diese Frage kann ich nur eine Antwort geben: Išôʿdadh war ein Anhänger der grossen exegetischen „Reformbewegung", die im 6. Jahrhundert von Ḥanânâ von Ḥĕdhayâbh eingeleitet und, wie der 8. Kanon der Synode des Katholikos Yôḥanân bar 'Abhgar (seit 900 n. Chr.) beweist,[1] auch im 9. Jahrhundert noch nicht völlig erstickt war.

Zwar wissen wir zur Stunde noch wenig über Ḥanânâ von Ḥĕdhayâbh. Auch die von Išôʿdadh gegebenen Citate

---

[1] cfr. Assem. B. O. III, 2 pag. CLXXXVIII.

aus seinen Commentaren (cfr. Hos. 8,10. 8,13. 10,14. Joel 1,7. 2,18. Pslm. 72,16) bringen nichts Auffallendes. Eine Abweichung von Theodor bieten nur 2 Stellen. Joel 1,7 wird eine andere Deutung eines Tropus gegeben und Joel 2,18 wird die von Theodor behauptete enallage temporum verworfen. Aber sämtliche Stellen bewegen sich in den Bahnen der grammatisch-historischen Schriftauslegung — ein Umstand, der uns um so weniger verwundern darf, da sie aus Commentaren citiert sind, welche die nestorianische Kirche, oder doch wenigstens 'Abhd-îsô' in seinem Kataloge[1] als orthodox anerkannt hat.

Indess das Wenige, was wir von Ḥanânâ wissen, beweist uns, dass er als Bahnbrecher auf demselben Wege vorangegangen ist, auf dem wir Išô'dâdh hier wiedergefunden haben.

I. Ḥanânâ hat nach Guidi's Chronik[2] „allerlei gegen den ökumenischen Schriftausleger eingewandt" und nach 'Abhd-îsô''s Kataloge[3] erleben müssen, „dass viele seiner Schriften wegen des Auslegers verworfen wurden." Auch Išô'dâdh hat, wie unsere Untersuchung gezeigt hat, Theodor bedeutend korrigiert.

II. Ḥanânâ hat nach der Vorrede zur Synode von 596[4], aber auch nach Mâr Bâbhâi von Izalâ[5] mit seiner

---

[1] Nach 'Abhd-îsô''s Kataloge (cfr. Assem. B. O. III, 1 pag. 81 ff.) haben seine Commentare zu David, Genesis, Job, Proverbien, Ecclesiastes, Canticum und Dodekaproph. als orthodox gegolten.

[2] cfr. pag. 11 der Nöldeke'schen Übersetzung in Sitzungsberichte der Akademie der Wissenschaften in Wien 1893, No. IX.

[3] cfr. Assem. B. O. III, 1 pag. 84.

[4] cfr. Braun l. c. pag. 283: „Auch verdrängen sie (die Kritiker Theodors) die Geistesreden der wahren Lehrer, in welchen die Zweiheit der Naturen des Sohnes verkündet ist, da sie ihnen innerlich nicht zustimmen".

[5] cfr. Hoffmann, Auszüge aus syrischen Akten persischer Märtyrer, Leipzig 1880, pag. 102. 104 und vor allem pag. 117.

Kritik Theodors monophysitische Gelüste verbunden.
Auch Išô'dâdh hat derartige Gelüste gehabt. Er bringt
sie zum Ausdruck a) in direkten Bekenntnissen wie
Pslm. 45,7. b) in der Benutzung der Bibelversion des
Paul von Tellâ, sowie auch der dort citierten Stellen
aus Cyrill (cfr. Hos. 9,8. Jon. 4,6. Sach. 11,7. 11,12);
Josephus (cfr. Sach. 14,5) und Ephraem (cfr. Jon. 1,1).

III. Ḥanânâ hat nach dem zweiten Kanon der Synode
585/86 (Katholikat des Išô'yâhb I) „gewagt zu sagen,
dass der Gottesmann Moses das Buch des seligen
Iyôbh geschrieben habe" (cfr. Braun l. c. pag. 198) und
„die Erklärung des Chrysostomus zum Buche Iyobh
angenommen".[1] Auch Išô'dâdh hat jene Behauptung
ohne Äusserung des Missfallens wiederholt (cfr. die
Vorrede zu Job pag. XXVI) und, wie ich bald beweisen werde, den Commentar des Chrysostomus
neben dem des Theodor bei seiner Auslegung des
Buches Job verwertet.

IV. Ḥanânâ hat nach Hoffmann's Auszügen aus den Akten
persischer Märtyrer (l. c. pag. 102 und 104) „ähnlich
geredet wie Origenes der Heide der Heiden". Wenn
das nicht bloss, wie Braun (l. c. pag. 280) will, als
Übertreibung seiner astrologischen und eschatologischen
Liebhabereien, sondern auch als Urteil über seine allegorische Schriftbetrachtung angesehen werden darf,
ist Išô'dâdh ihm auch in diesem Stücke gefolgt.

Damit genug. Die Ursachen, um deren willen der
Nestorianer Išô'dâdh von den Monophysiten des Mittelalters zur Hauptquelle für ihre exegetischen Arbeiten gewählt wurde, sind aufgedeckt. Išô'dâdh hatte die Bibelüber-

---

[1] So richtig Ibn aṭ Tayyib bei Assem. B. O. III, 1 pag. 84 Anm. 3
gegen Braun l. c. pag. 198, Fussnote 3.

setzung des Monophysiten Paul von Tellâ neben der Pešittâ und einem alten Syro-lucianus zu Worte kommen lassen. Er hatte die von den monophysitischen Schulautoritäten vertretene allegorische Methode der Schriftauslegung mit der grammatisch-historischen Methode des Theodor von Mopsuestia verbunden. Er hatte vielleicht auch in seiner Christologie mancherlei monophysitische Neigungen verraten. Das Alles gab ihm in den Augen der Jakobiten des Mittelalters ein gut monophysitisches Aussehen und machte ihn zur Brücke, auf der Theodor von Mopsuestia aus der nestorianischen in die monophysitische Kirche hinüberziehen konnte.

Corrigenda.

Pag. 30, Zeile 12, lies IX, 4 für XI, 4.

Pag. 32, Zeile 22f, lies: Und in dem Irrtum unterschieden sich vielerlei Weisen (Nöld.).

Pag. 48, Zeile 6, lies Qaṭar für Baktrien und cfr. pag. XXIX, Fussn. 1.

Pag. 64, Zeile 12, lies Landsee für Meere (Nöld.).

Contents

Text, Übersetzung und Fussnoten.

Die Auslegung des Zwölfbuches (und zwar zunächst) des Propheten Hosea.

Von demselben Išoʻdâdh. Unser Herr, hilf mir durch deine Barmherzigkeit zur Vollendung.

(Hierzu sind verglichen die Commentare von Ephraem, Theodor, Theodoret,[1] Cyrill, Gregorius Barhebraeus)

Man muss nämlich wissen, dass, so oft die Schrift sagt: Gesicht des Jesaia und Spruch des Herrn, der an Hosea erging, und Aussprüche Jeremias und dergleichen, andere die Offenbarungen und Abschnitte der Propheten gesammelt und geordnet haben. Und so oft es heisst: Ich sah den Herrn, und: Es geschah an mich der Spruch des Herrn, (so muss man wissen,) dass der Prophet selbst das zu schreiben beabsichtigt, was ihm offenbart ward. So hat aber auch, wenn es heisst: Gesicht, Spruch, Hand, Wort, Predigt, Ausspruch, Sprichwort, Gleichnis u. s. w. Alles dieselbe Bedeutung. Gesicht, sintemal die Propheten, während sie ausser der gewöhnlichen Beobachtung gewesen sind, ein wunderbares Gesicht von künftigen Dingen in ihrem Geiste empfangen haben. „Hören“, sintemal sie eine Stimme aus der Offenbarung zu hören meinten, wie sie von Petrus gehört wurde (Act. 10, 13?) . . . . und

---

[1] Eine Benutzung Theodoret's durch Išoʻdâdh lässt sich nirgends konstatieren. Wohl berühren sich beider Gedanken an vielen Stellen, aber da diese Berührungen sämtlich auf Theodor als die beiden Autoren gemeinsame Quelle zurückzuführen sind, so habe ich sie, um die Übersichtlichkeit des Quellennachweises nicht unnützer Weise zu erschweren, nirgends notiert.

[Syriac text — fol. 209a]

... [2]

... [3]

... fol. 209b ...

jenes Wort des Jesaia: Wer glaubte unserer Predigt? (Jes. 53, 1). Und auch Spruch und Wort, sintemal durch Wirkung des Geistes eine Stimme an sie erging, die zu weissagen befahl. Und Hand wiederum, sintemal sich ein Bild näherte und in die Seele des Propheten Erkenntnis des Verborgenen ergoss. Und „Aufbruch", indem dass plötzlich der Geist des Propheten von allen Dingen der Welt entrückt ward und sein Sinn aufbrach, das, was vor seinem geistigen Auge im Bilde stand, zu betrachten und auszusprechen.

I, 1 „Ausspruch des Herrn, der an Hosea erging." Ausspruch nennt er überall sein Wirken z. B.: Durch das Wort des Herrn wurde der Himmel gemacht (Psalm 33, 6).[1]

I, 2 „Nimm dir ein Weib, das Hurerei treibt." Nicht hat er gesagt: „eine Hure", sondern „(ein Weib), das Hurerei treibt" d. h. mit Leib und Seele, d. h. mit Männern und Götzen. „Kinder, die Hurerei treiben". Wie trieben sie Hurerei, da sie doch noch nicht geboren waren? Aber (ich denke), er meint, dass, wenn sie sie geboren hat, dann werden sie mit Leib und Seele Hurerei treiben, wie sie selbst.[2] Der Hebräer: „Kinder der Hurerei." Und man wirft die Frage auf: Woher wusste das Volk, dass er (der Prophet) etwas ihrer Lebensgewohnheit Fremdes that, indem er die Hure (als Weib) nahm? Hatte er doch die Offenbarung dem Volke noch nicht gesagt. Es ist wahrscheinlich, dass entweder der Prophet selbst, nachdem er sie an sich genommen und von ihnen geschädigt war, ihnen (dem Volke) die Thatsache ihrer

---

[1] Fast wörtlich so Theodor (Migne, Tom. 66), col. 125 C: λόγον δὲ κυρίου τὴν ἐνέργειαν ἀπανταχοῦ λέγει . . . . . . ὡς τὸ· Τῷ λόγῳ κυρίου οἱ οὐρανοὶ ἐστερεώθησαν·

[2] Sachlich ebenso Barhebraeus (B. Moritz) pag. 4, Zeile 11: ܘܒܢܝܐ ܕܙܢܝܘܬܐ.

---

1 So I, dagegen L ohne .
2 So L, dagegen I .
3 I und L .
4 So I, dagegen L .
5 So I, dagegen L .

Annahme erklärte (sagend), dass auf diese Weise auch Gott sich mit ihnen Mühe gegeben habe, oder andere Propheten unterrichteten das Volk über den Propheten, oder das Volk selbst merkte es daran, dass er, während er früher in Ehelosigkeit ausgehalten hatte, gezwungen wurde, das zu thun, was sich selbst für einen Schamlosen nicht passt. Und es ist bekannt, dass der Prophet die Hure beständig ermahnte, sittsam zu werden, >>> indem er durch die Hure die Versammlung der zehn Stämme darstellte, die da öffentlich den Götzen diente (wie die Hure, welche die Hütte aufschliesst und Hurerei treibt) seit der Zeit Jerobeams. Und durch die Ehebrecherin (stellte er) das Haus Juda (dar), das öffentlich beim Herrn schwur und heimlich dem Götzen Milkom diente. [1]

Bekannt war nämlich diese Gomer als Hure, wie Ahala und Ahaliba, die Ägypterinnen (Ezech. 23). >>> Es befiehlt aber Gott den Propheten, dass sie Unpassendes und Ungehöriges thun, wie er auch dem Jesaia (befiehlt), nackt und bloss einherzugehen (Jes. 20, 2), und dem Hesekiel, auf Menschenmist Brot zu backen (Ezech. 4, 12) u. s. w. Weil dies harte und widerspenstige Herz der Kinder Israel gewohnt war, Worte zu verachten, so zeigte er durch die That vor ihren Augen, was ihnen bevorstand, [2] — nämlich das: Wenn er schon die heiligen Propheten wegen des Volkes züchtigt, um wie viel mehr (wird er) das Volk um seiner selbst willen (züchtigen). Zugleich aber sollen sie, wenn sie der Unerhörtheit jener hässlichen Dinge begegnen, sich eiligst von ihren Sünden bekehren.

I, 4. „Denn noch eine kleine Weile, so will ich

---

[1] Dieser Abschnitt von >>> an geht dem Sinne und gegen das Ende auch dem Wortlaut nach auf Ephraim (Assemanus, Tom. II,) pag. 234 C zurück.

[2] Von >>> an sachlich übereinstimmend mit Theodor col. 128 C und Barhebraeus pag. 4, Zeile 8—10.

ومعتابه جمعموم هةامزا هلسبي هوه. بوحذا ووبا حمز
هوزا ححفنز حزاسعامزا امز اهلا هاهححجذا هزوتمةا. فعم وب
الاهوا لحنحتا وبححوي امام والا حخسقح هالا هاتي. امز واف
للعحا ولبويحز حزوبلا ميبعنت. هلسزمابلا وحلا محتا
وابقا باقا ححنفحا هزبعز. حلا وحنبزا هوهزا للححا مزهما
محهلا وحنت معنبلا وبحصمزوي حلا قملا حححخبزا حنبزا هوهزا
ميم حستزوهي رني وحلمبي لزوهي. وي حنحتا متبعا وزا
لزوهي محهلا حمحا. سم محا ححمحا محهلا fol. 210a سهزه.
امسب وب وم نعيحم حسباهامزا وونبز حمسنخةا. نلاوزوحم
ولاهعنم مي حمقهزوهي. محهلا وحومحلا² ناحد الا وحزه
وامرافحلا حلا حمةا وزهه. مي مرافحلا حمز منبةا³ حلا
محزه الاحا وحممزا محهتي. محزوم. امرافحلا منبةا هوب
وحزه الاوزبم نحمعا. هالامهلبحا امرحلا. هحبا حزه اسح حمة
مححمعازا. هامبم مبحسا ححمحلا حمزباهامزاه ولحمعا. همحلححنا
واسم نزوه زفه وبلامحسب وبلاحد ومحزه ولحمعا مي حمحزه
واسح. اضز محلحموت الزوا. وباحد الا ومحزه وامرافحلا حلا
حمةا وزهه. اماما حمز وانسب نوم حجبحخةا. وبعملمسب وحمبت
هوه. همعحلا لزوه⁴ حزه وبلا مبعملوا. وهم مالب هحجز
نزوه. وحماز ولابحا لححمحزه واسح. احملمسب اه هوه حخز حم

1 So I, dagegen L وونبز.

2 So Lee, dagegen I und L وحومحسا.

3 I und L مسحز.

4 So I, dagegen L وبلا.

die Blutschuld von Jesreel am Hause Jehus heimsuchen." Von der Stadt Jesreel nämlich deutet er auf das ganze Land der zehn Stämme.[1] >>> Jesreel ist die Stadt, in welcher Naboth erwürgt und Isebel getötet wurde.[2] Und in ihr erbaute Ahab den königlichen Palast und im Erbe Naboths errichtete er den Altar für Baal. Und es wird die Frage aufgeworfen: Wie konnte Gott über jenem Jehu, der gesalbt wurde, das Blut Naboths am Hause Ahabs zu rächen, sagen: „Ich will die Blutschuld von Jesreel am Hause Jehu heimsuchen"? Wie nämlich ein Mensch, (der) einen Dieb richtet und dabei selbst als Dieb erfunden wird, infolgedessen demselben Urteil verfällt, so machte es auch hier Jehu, der >>> nachdem er das Haus Ahabs gestraft hatte, gleichfalls als einer erfunden wurde, der (mancherlei) von den Thaten Ahabs that. Deshalb meint er's also: Ich will das Haus Jehu heimsuchen um Ahasjas willen (2 reg. 9, 27), wie ich das Haus Ahabs heimsuchte durch Jehu (2 reg. 10f.), weil er sich durch das Gericht, das durch seine Hand über Ahab kam, nicht abschrecken liess, seine Bosheit nachzuahmen.[3] Und es gleicht jenem: Es soll dein Haus wie das Haus Jerobeams sein, weil er ihn ausgerottet hat u. s. w. im 8. Capitel (1 reg. 16, 7).

I, 11: „Sie werden sich ein Haupt machen" d. h. den Serubabel.[4] „Und sie werden heraufziehen aus dem Lande" Babel. „Denn gross ist er" und gepriesen jener Tag, an welchem sie wider alle Erwartung nach Jesreel zurückkehren[5], an welchem sie die Niederlage erlitten von denen, die in die Gefangenschaft führten.

II, 2: „Führet den Rechtsstreit mit eurer Mutter". Hier nennt er Mutter die Versammlung der Juden.[6]

---

[1] Fast wörtlich so Theodor col. 129D: ἐκ τοῦ μέρους πᾶσαν αὐτῶν καλέσας τὴν χώραν; sachlich dasselbe Barhebraeus pag. 4, Zeile 14 f.

[2] Fast wörtlich so Theodor col. 129C: οὕτω δὲ τὸ χωρίον

ܠܚܙ̈ܘܬܗܘܢ ܕܐܝܬ. ܘܚܪܝ̈ܗܘܢ ܕܗܘܐ ܐܚܙ. ܘܐܬܚܕ ܐܠܐ ܠܚܡ ܠܚܡܠܐܗ
ܘܗ̇ܘ ܡܛܠܐܐ ܐܝܣܪܠ. ܐܡܪ. ܘܐܬܚܕܐ ܠܚܡܠܐܗ ܕܐܝܬ ܚܡ ܢܗܘܗ.
ܚܝܠ ܐܗܕܐܘ. ܡܢ ܡܣܡܚܢܦܐ ܕܐܒܐ ܚܠܐ ܐܝܬ ܚܐܪܝܗ ܠܚܡܒܙܗ
ܚܒܘܠܕܗ. ܘܐܘܡܐ ܠܚܦ ܕܢܗܘܐ ܠܚܡ ܚܠܐܝ ܐܡܪ ܚܚܠܐܗ ܕܡܘܐܚܗܡ.
ܚܠܐ ܕܡܛܠܚܗ ܕܝܥܙ. ܚܝܙ. ܣ. ܝܦ. ܕܠܚܚܝܘ ܠܚܘܗܝ ܕܐܥܐ
ܣܝ. ܩ. ܠܚܪܘܐܚܚܠܐ ܘܠܣܡܚ ܡܢ ܐܢܚܐ ܕܚܚܠܐ. ܡܛܠܐܠܐ ܕܐܕ
ܒܘܗ ܘܡܚܒܝܣ ܣܘܦܠܐ ܗ̇ܘ. ܕܚܘܗ ܠܚܚܙ ܡܢ ܚܚܘ ܗܘܚܘ ܚܘܡܨܠܐ ܦܠܝ
ܠܡܐܪܐܚܚܠܐ. ܘܚܘܗ ܦܝܓܠܗ ܣܘܚܚܐ܀ ܡܢ ܚܚܬܐ. ܘܗܢܗ ܚܡ ܐܡܚܘܡ.
ܠܐܝ ܐܡܐ ܠܚܡܣܡܥܚܐܗ ܕܒܘܡܘܪܢܐ ܦܙܐ. ܚܠܬܚܦ ܕܝ ܠܚܚܡܠܐ. ܩ.
ܦܣܡܣܗ ܪܝܢܐ ܕܠܚܡܗܝ ܚܡ ܕܐܡܚܗܡ. ܣܪܙܗ ܕܠܚܚܡܥܡܘ ܠܚܦ

---

[1] Dies Wort von mir auf Grund von 2 reg. 9, 27, dagegen I und L ܚܡܝ.

[2] So I, dagegen L ܗ̇ܘ.

ἐλέγετο ἐν ᾧ τε Ναβουθαὶ τὴν παράνομον ὑπομεμένηκε σφαγὴν· καὶ μὴν καὶ Ἰεζάβελ κατεσφάγη. Barhebraeus pag. 4, Zeile 13—14 bietet den Satz im Wortlaut von Išŏ'dâdh und da er ausserdem noch ziemlich wörtlich die darauffolgende Bemerkung mit aufnimmt: „Und in ihr erbaute . . . . . für Baal", so ist hier deutlich zu erkennen, dass er Theodor in der von Išŏ' dâdh gegebenen Bearbeitung vor sich gehabt haben muss.

3 Von >>> an sachlich ebenso Theodor col. 129C—D, und Barhebraeus pag. 4, Zeile 16 f.

4 Auch Theodor col. 132D findet die Erfüllung dieser Stelle μετὰ τὴν εἰς Βαβυλῶνα αἰχμαλωσίαν und Ephraim pag. 235F erwähnt ausdrücklich Serubabel und Nehemia. Barhebraeus ist der einzige der pag. 4, Zeile 22 den Text wie Išŏ'dâdh bietet. Er liefert damit den Beweis, dass er die alten Meister hier in Išŏ'dâdhs Bearbeitung vor sich hatte.

5 Fast wörtlich so Theodor col. 133A: φοβερά τις ἔσται καὶ ἐπίδοξος ἡ ἡμέρα ἐκείνη, καθ' ἣν παρὰ πᾶσαν ἀνθρωπίνην ἐλπίδα, τῆς ἐπανόδου τεύξονται ἐπὶ τὰ οἰκεῖα.

6 Wörtlich so Theodor col. 133B: ἐνταῦθα δὲ μητέρα μὲν λέγει τὴν συναγωγὴν τῶν Ἰουδαίων.

II, 4: „Ihre Kinder" aber (nennt er) das Volk.[1] D. h.
Vergleicht eure Lebensart mit der eurer Mutter und seht,
dass ihr in allen Stücken ihr ähnlich seid. Gleich als ob
(sie im Verhältnis von) Mutter zu Kindern (ständen), so
redet er von dem Weibe und den Kindern des Propheten.

II, 2: „Sie schaffe ihre Hurerei von ihrem Angesichte weg u. s. w." >>> Wie das Angesicht gesehen
wird, so war die Hurerei der zehn Stämme offenbar.
Und wie die Brüste mit dem Kleide bedeckt sind, so waren
die Götzen des Hauses Juda verborgen.[2] Wiederum, weil
in den Brüsten die Begierde bei den Weibern liegt. Der
Grieche sagt: „Von meinem Angesichte" für: „von
ihrem Angesichte."

II, 3: „Ich will sie sterben lassen am Durst"
infolge der Herzenshärtigkeit (oder: nach der Prophetie?).

II, 5: „Hinter meinen Buhlen her" d. h. hinter den
Dämonen her.[3]

II, 6: „Durch Dornen hindurch" d. h. durch Kriege
und Hinwegführungen.[4]

II, 9: „Ich will umkehren (und) wegnehmen mein
Getreide zu seiner Zeit" d. h. durch Heuschrecken
und Hagel u. s. w.[5]

II, 12: „Und die Tiere des Feldes sollen sie
fressen." Durch „die Tiere des Feldes u. s. w." deutete
er auf die Mannigfaltigkeit der Feinde, die sie verderben
sollten.[6]

II, 15: „Und das Thal von Achor", dass sich ihre
Einsicht aufthue. Sie erwirbt, so heisst es, auch jenen Ort,
an welchem sie von den Assyrern besiegt wurden.[7] Und

---

[1] Fast wörtlich so Theodor col. 133B: τέκνα δὲ ταύτης τὸν
(κατὰ διαδοχὴν ἐξ αὑτῆς συστάντα) λαόν.

[2] Von >>> an fast wörtlich so Ephraim pag. 236 D: اب ܘܩܠ
ܡܢ ܐܩܠ ܚܠܡܐ ܗܘܐ ܝܗܘܒܝ܆ ܐܝܟ ܢܡܨܝ ܘܐܝܘ܆ ܐܝܟ ܢܣܡܐ ܗܘܐ ܠܘܗܝܢ

II

ܘܺܐܡ̇ܠܰܗ. ܐܣܪ ܗܳܘ ܕܐܶܡܰܪ ܘܚܰܕܬܐ ܠܰܐܠܳܗܳܐ ܘܡܰܚܕܶܬܳܢܐ ܘܰܢܚܳܐ ܦܐܪܳܐ.

ܠܰܐܚܰܙ ܪܶܣܳܡܳܢ ܡܶܢ ܐܶܬܬܦ ܘܰܡܚܰܬܐ. ܐܣܪ ܕܡܰܚܕܰܬܢ ܐܩܳܐ ܠ ܚܰܠܒܐ

ܗܘܳܐ ܪܶܣܳܡܳܐ ܠܘܳܐ ܘܰܚܡܶܙܪܳܐ ܦܰܚܚܶܬܝ. ܘܐܣܪ ܘܡܶܣܡܶܝ ܠܐܪܰܬܐ ܚܡܳܐܠܠ

ܡܶܣܡܝ ܒܗܽܘܢ ܩܳܡܽܘܢ ܘܰܚܡܶܐ ܣܽܘܪܘܳܐ. ܠܐܰܘܕ ܚܠܳܐ ܘܚܰܐܪܬܐ ܡܶܢܡܳܐ

ܦܶܚܳܐ ܚܬܶܡܳܐ. ܡܶܢܝܰܠ. ܣܰܠܶܟ ܡܶܢ ܐܶܬܬܦ ܡܶܢ ܐܶܬܪ. ܐܶܕܳܪ. ܘܐܶܣܡܳܐܠܝܢ

ܚܪܳܗܠܳܐ ܘܡܶܢ ܚܚܡܶܐܠܳܐ. ܚܠܳܐ ܪܶܣܡܰܝ. ܩ. ܚܠܳܐ ܘܣܳܐ. ܚܪܺܘܘܳܐ.

ܩ. ܚܡܶܪܚܳܐ ܘܡܶܚܬܐ. ܐܘܗܰܘܝ ܐܶܗܶܕ ܚܚܰܘܰܦ ܚܪܚܶܠܒܗ. ܩ. ܚܡܶܣܪܐ

ܘܚܳܙܪܐ ܘܡܶܚܬܳܐ ܘܠܐܶܡܰܟܠܐ ܐܢܰܝ ܣܡܳܐܠ ܚܳܐܪ. ܚܡ ܣܡܳܐܠ ܚܪܳܐ

ܘܪܶܡܶܙ. ܣܡ. ܚܠܳܐ ܡܰܚܡܳܐܡܳܐܠ ܘܚܶܚܬܶܚܚܳܐ ܘܚܰܠܡܺܝܢ ܚܡܶܣܚܠܗ

---

1 I und L اعتہ als Konformation zum Pešittotext.
2 So I und L, dagegen Syr. hex. ܡ ܘܥܪܘܣܡܘ ܝܣܠܟ.
3 I und L ܚܚܰܣܘܠܠ = Prophetie.
4 So I und L, dagegen Lee an Stelle der drei letzten Worte اىت ܘܚܪܙ ܣܡܐ.
5 So I und L, dagegen Lee ܣܡܐ ܘܚܪ.
6 So I, dagegen L ܚܚܬ'.

ܘܐܪܬܘܠܚܡ. Auch Barhebraeus pag. 4, Zeile 4 und pag. 5, Zeile 1 bietet sachlich dasselbe.

3 Fast wörtlich so Theodor col. 136C: ἐρασϑὰς δὲ αὐτῆς τοὺς δαίμονας εἶπεν; auch Barhebraeus pag. 5, Zeile 2 sachlich dasselbe.

4 Fast wörtlich so Theodor col. 136D: οὕτω τῇ βαρύτητι τῶν πολέμων τῇ τε αἰχμαλωσίᾳ; dem Barhebraeus (cfr. pag. 5, Zeile 3) scheint indess auch hier Išoʻdadhs Gestalt des Theodor vorgelegen zu haben.

5 Fast wörtlich so Theodor col. 137B: ἐρυσίβῃ . . . . . καὶ χαλάζῃ καὶ τοῖς τοιούτοις. Auch Barhebraeus pag. 5, Zeile 4, sachlich dasselbe.

6 Wörtlich so Theodor col. 137D: τὸ πολύτροπον εἰπεῖν ἐβουλήϑη τῶν λυμαίνεσϑαι μελλόντων αὐτοῖς πολεμίων. Barhebraeus pag. 5, Zeile 5 wenigstens sachlich dasselbe.

7 Fast wörtlich so Theodor col. 140D: τόπον ἔοικε λέγειν ἐν ᾧ δὴ μάλιστα τὴν βαρυτάτην ἐδέξαντο τοῦ πολέμου τροπήν. Barhebraeus pag. 5, Zeile 6 sachlich dasselbe, doch mehr an die von Išoʻdâdh gegebene Form Theodors sich anlehnend.

es thut sich infolgedessen ihre Einsicht auf d. h. der Verstand, der blind ist. >>> Und sie sieht ein, dass sie wegen ihrer Sünde und nicht wegen meiner Schwachheit in die Gefangenschaft geführt wurde.[1] Und es scheint, dass, wie sie von dort anfingen zum ersten Male in ihr Land einzuziehen, so fingen sie von dort wiederum an, in die Gefangenschaft geführt zu werden und aus ihm (ihrem Lande) hinauszuziehen. >>> Von einem Teile nämlich deutet er auf ihr ganzes Land.[2]

II, 16: „Du wirst mich mein Mann und nicht (mehr) mein Baal nennen" d. h. vollständig entferne ich diesen Namen des Baal, sodass ich auch nicht gestatte, dass sie mich nenne, wie das Weib gewöhnlich ihren Mann „Mein Baal" nennt. D. h. des Baal und des Götzendienstes soll überhaupt nicht mehr gedacht werden.[3]

III, 1; „Noch einmal gehe, liebe ein ehebrecherisches Weib". Es scheint, dass er das erste Weib, als er sah, dass es Hurerei trieb, aus seinem Hause hinausschickte, zur Andeutung der Hinwegführung Israels. Und es ist bekannt, dass ein langer Zwischenraum dabei war,[4] wie eine (längere) Zeit die Geburt und Erziehung der drei Kinder brachte. Und auch diese Andere, als er sah, dass sie mit Männern und mit Götzen die Ehe brach, entliess er zur Andeutung der Hinwegführung Judas.[5] Er fügte nämlich bei der Ehebrecherin hinzu: „Liebe (sie)". Das ist etwas, das er bei der Hure nicht gesagt hat, um anzudeuten die besondere Sorgfalt, die er an diese beiden Stämme (gewandt hat). „Kuchen von getrockneten

---

[1] Von >>> an fast wörtlich so Theodor col. 140D (vor der eben citierten Stelle): αἰσθήσονται γὰρ .... ὅτι καὶ τῶν λυπηρῶν οὐκ ἐπειράθησαν δι' ἀμέλειαν ἐμήν, ἀλλ' ἐπειδὴ πταίσαντας αἴσθησιν ἐχρῆν τῶν ἁμαρτημάτων λαβεῖν τῶν οἰκείων. Barhebraeus pag. 5,

ܐܢܘ. ܘܚܘܡܗܡܐ ܕܚܡܙ ܕܢܟܐܗܟܣ ܗܘܘܡܟܕ. ܦܢܝܠ ܟܡ ܐܘ
ܕܘܡܟܐ ܪܘ ܕܚܘ ܢܚܚܘ ܡܢ ܐܠܘܕܢܠ. ܘܡܟܐܗܟܣ ܗܡܢܠܐ ܗܘܘܡܟܕ.
ܗ. ܐܚܠܒܠ ܕܗܡܝܠ ܒܘܗ. ܘܚܚܘܗܡܠܐ ܕܡܗܠܐ ܣܠܝܟܕܦ ܐܗܕܚܒܟ.
ܘܟܗ ܡܠܗܠܐ ܡܣܟܚܐܠ ܕܚܟ. ܘܙܘܡܠܐ ܕܐܣܚܠ ܘܗܥ ܠܐܢܦ ܗܙܢܗ
ܠܚܚܠܐ ܠܐܚܕܘܘܗ. ܚܚܗܚܣܕܠ. ܗܥ ܠܐܢܦ ܠܐܗܕ ܗܙܢܗ. fol. 210b
ܠܚܚܗܐܚܕܗ ܘܟܚܗܗ ܚܕܦ. ܗܥ ܚܣܐܠ ܨܡܙ ܚܠܠ ܚܟܕܦ ܐܠܚܕܘܘܗ
ܚܕܗ. ܕܘ ܕܗܠ ܕܗܐܡܙܣܟܣ ܘܠܠ ܚܚܠܟ. ܗ. ܚܚܣܙܐܟܠܗ ܚܚܚܙ ܐܠ
ܗܘܠ ܥܡܚܠ ܕܘܚܠܠ. ܘܪܗ ܗܘ ܕܚܚܢܝܐ ܗܙܢܠ. ܐܢܟܐܠܐ ܚܚܚܚܟܦ ܚܚܟܚ.
ܠܠ ܡܚܗܕ ܐܢܠ ܚܙܦ ܕܗܐܡܙܣܟܣ. ܗ. ܠܠ ܟܚܘܡܚ ܚܠܠ ܗܗܘ ܘܙܣܝܓܚ
ܗܗܡܚܙܐ. ܠܗܕ ܪܟܐ ܕܢܚܡ ܐܢܟܐܠܐ ܚܡܝܢܐܠ. ܘܥܡܠ ܘܠܠܐܟܐܠܐ ܡܝܚܚܚܟܐܠ
ܚܥ ܚܚܕܐ ܕܚܕܚܢܣܠ ܐܗܚܦ ܚܥ ܚܣܟܚܗ. ܠܠܗܙ ܘܚܚܚܟܐܠ ܕܚܣܚܙܢܠܠ.

---

1 So I und L, dagegen Lee lässt ܘ ⸗ und ausfallen.

2 So I und Lee, dagegan L ܗܠܚ'.

3 I und L ܗܝܕܚ.

4 So I und L, dagegen Lee fügt ܚܗܠ hinzu.

Zeile 6f., sachlich dasselbe. Man beachte indess, dass Barhebraeus die in dieser und der vorhergehenden Fussnote gegebenen Gedanken Theodors nicht in der Reihenfolge des Originals, sondern in der des Išoʿdâdh wiedergiebt.

2 Wörtlich so Theodor col. 140 D: ἐκ μέρους ...... πᾶσαν αὐτῶν καλῶν τὴν χώραν.

3 Fast wörtlich so Theodor col. 141 B: ὡς μηδεμίαν μνήμην αὐτοὺς ἔχειν ἐκείνων ἔτι. Auch Barhebraeus (pag. 5, Zeile 8) sachlich dasselbe, wenn man bei Moritz einen Druckfehler annimmt und vor ܡܚܕܠܠ ein ܠ einschiebt.

4 Auch Theodor schiebt einen langen Zeitabschnitt zwischen dieses und das vorhergehende Capitel ein; cfr. col. 144 C: (οὐ) κατὰ μίαν ἁρμονίαν ...... διῃρημένως δὲ εἴρηται. Also sachliche Übereinstimmung.

5 Auch Theodor deutet hier auf Juda, cfr. col. 145 A.

Trauben" sintemal getrocknete Trauben und Safransame und Geröstetes hineingemengt sind.[1] Dasselbe, was man auch qĕrîmâthâ (Krusten) nennt.

III, 2: „Da kaufte ich sie mir" d. h. ich heiratete sie „für fünfzehn" Zuzin oder Denare „und für einen Kor und einen Lethekh Gerste". >>> Der Kor beträgt 30 Mass d. h. 30 gĕrîbhê Gerste. Der Lethekh aber einen halben Kor.[2] Der Hebräer und der Grieche sagen: „Für einen Kor" und nicht mehr. Es scheint, dass dieses Weib eine Freie (Vornehme) war, weil sie so teuer gekauft wurde. Es wird nämlich befohlen, dass er für ein so grosses Eigentum die Ehebrecherin kaufe, >>> weil auch Gott viele Reichtümer von den Ägyptern nahm und sie ihnen (den Juden) gab und sie dadurch mit sich verband.[3]

Andere haben die 15 darauf gedeutet, dass sie am 15. im Monat aus Ägypten auszogen,[4] und den Kor und seine Hälfte darauf, dass sie in 45 Tagen zum Berge Sinai kamen und das Gesetz empfingen.[5] Es scheint aber, dass er nach Massgabe der Jahre, welche sie im Exil sein sollten, so viele Tage wartete bei der Ehebrecherin. Und deshalb gebar sie auch keine Kinder. Das bedeutet nämlich jenes: „Viele Jahre sollst du mir stille sitzen" (v. 3).

III, 4: „Ephod" nennt er den Priesterrock, über welchem das Schulterkleid des Rechtsbescheides war, in welchem (dem Priesterrock) jene 4 Reihen Steine waren, welchen

---

[1] Das scheint ein Anklang an Theodor col. 144 D zu sein: ἵνα εἴπῃ ἄρτους, οὓς ποικίλως κατασκευάζοντες σταφίσι τε καὶ τοῖς τραγήμασι μιγνύντες.

[2] Von >>> an fast wörtlich dasselbe Barhebraeus pag. 6, Zeile 17.

[3] Von >>> fast wörtlich so Theodor col. 145 A: ἐπεὶ καὶ ὁ θεὸς ἐπὶ μεγάλαις δωρεαῖς τε καὶ μισθοῖς τοὺς Ἰουδαίους ἑαυτῷ συνῆψεν. Sachlich dasselbe Barhebraeus pag. 5, Zeile 13 f.

[4] So z. B. Ephraim pag. 238 A: ܟܕ ܗܕܐ ܡܬܚܙܝܐ ܠܝ ܡܝܩܪܐ ܠܢ ܡܟܐ

1 So L, dagegen I .
2 So L, dagegen I für die beiden letzten Worte .
3 So L, dagegen I '.
4 So L, dagegen L . Ausserdem beachte, dass Syr. hex. nicht
liest, sondern: .

; auch Barhebr. pag. 5, Zeile 14f sachlich dasselbe.
Beachtet man aber, dass er die sub Fussnote 3 und 4 gegebenen Gedanken Theodors und Ephraems in einem Satze darbietet, so muss er
eine Vorlage gehabt haben, in der Theodor und Ephraem unmittelbar
auf einander folgten, d. h. er muss Išoʿdâdh excerpiert haben.
5 Fast wörtlich so Barhebraeus pag. 5, Zeile 15 f.

der Priester anzog, wenn er amtierte oder eine Offenbarung erfragte. Und so, durch den Wechsel der Farben der einzelnen (Steine) wurde erkannt, was der Wille Gottes war betreffs der Sache, in der er fragte.[1]

IV, 2: „Und Blut mischten sie mit Blut" deutet auf die Menge der Getöteten.

IV, 3: „Die wilden Tiere" (auf) die bösen Fürsten. „Die Vögel" (auf) das Raubgesindel. „Das Gewürm" (auf) die Schadenstifter. „Die Fische" (auf) die grosse Masse des Volkes.[2] D. h. es werden die Gewaltigen mit den Schwachen zu Grunde gehen.

IV, 4: „Und dein Volk ist wie ein (streitender) Priester". Der Hebräer: „Und dein Volk ist wie einer, der mit den Priestern streitet". Der Grieche: „Und dein Volk ist wie ein Priester, gegen den sich Streit erhebt". D. h. das Volk wird verworfen und verstossen aus seiner früheren Ehrenstellung, >> wie ein Priester, der vertrieben wird[3] wegen irgend eines leiblichen oder seelischen Makels, der an ihm gesehen wurde, obgleich er doch zu den Söhnen Levis gehört. Ebenso werden auch sie, obgleich sie Söhne der Erzväter Abraham, Isaak und Jakob sind, mit der Schmach der Gefangenschaft bestraft, weil sie gegen Gott und die Propheten gehadert haben.

IV, 5: „Und du hast dich gestossen am Tage" d. h. du stösst dich und fällst in eine offenkundige Strafe wie am Tage. „Und es stiess sich auch der trügerische Prophet deines Volkes in der Nacht" d. h. in Bedrängnis und Finsternis der Gefangenschaft.

IV, 7: „Schande" hat er die Unkeuschheit und Schmähung genannt.

---

[1] Der ganze Passus klingt trotz der sachlichen Differenz in der Auffassung des Ephod an Ephraim pag. 238 C an: ܐܘܗܝ ܐܝܕܘܗܝ ... ܡܒܨܠ ... ... ܠ ܐܘܗ ܐܘܗ ܠܟܐܡ ... ...

---

1 So I, dagegen L , und, da der Satz dadurch unverständlich
wurde, hat er die Worte , durchgestrichen.

2 So L, dagegen I hat für das letzte , nur .

3 So L, dagegen I .

4 So I und L, dagegen Lee hat dies Wort nicht in seinem Texte.

5 So I, dagegen L lässt dies Wort aus.

6 So I und L, dagegen Syr. hex. .

7 So I, dagegen L .

. Barhebraeus bietet hier (pag. 5, Zeile 17 f)
Ephraem in originaler Fassung.

2 Auch Theodor findet hier (cfr. col. 148B) tropische Redeweise,
aber er deutet die Tropen ganz anders. Nur Barhebraeus pag. 5, Zeile 20f
deutet die Tropen genau so wie Išoʿdâdh.

3 Das klingt an Theodor col. 148C an: ὥσπερ ἂν εἴ τις ἱερεὺς
εἰς ἀντίρρησιν πεσὼν ἀθετοῖτο.....

IV, 8: „Die Sünde meines Volkes haben sie gegessen" d. h. die Früchte der Sünde[1] meines Volkes haben sie
gegessen, das Schwert und die Gefangenschaft. Wiederum:
Das Opfer, das für die Sünden des Volkes dargebracht
wurde, liessen die Priester (im Feuer) aufgehen, nämlich
die Eingeweide und das Fett. Aber den Rest assen sie,
indem sie selbst, so zu sagen, des Priesteramtes für die
Sünde des Volkes walteten, wie auch unser Herr Christus.
Und ein Beispiel nimm aus dem Folgenden: Als Moses
sich nach dem Sündopferbock erkundigte und er verbrannt
war, sprach er zu ihnen: Weshalb habt ihr ihn nicht an
dem heil. Orte gegessen, denn als hochheilig hat er ihn
euch zu essen gegeben, dass ihr die Sünde der Versammlung
hinwegschafft und für sie Sühne wirkt vor dem Herrn
(Lev. 10, 16ff). Du siehst, wie der Priester vermittelte und
die Sünde des Volkes hinwegnimmt. Das bedeutet jenes:
„Die Sünde meines Volkes haben sie gegessen."[2]

IV, 9: „Und es ward der Priester wie das Volk"
d. h. in gleicher Weise schleppt man sie in die Gefangenschaft, indem man den Priester nicht mehr ehrt als den
grossen Haufen des Volkes.[3] Oder: Beider Lebenswandel
ist ein und derselbe.[4]

IV, 12: „Mein Volk befragte seine Gedanken"
d. h. dieses Volk begehrte und verlangte in seinem Denken,
die Götzen anzubeten. „(Und sein Stab) zeigte es ihm"
Jerobeam, sein Fürst, die Kälber, da er ja die Ursache des
Irrtums des Götzendienstes wurde.[5]

IV, 14: „Nicht will ich eure Töchter heimsuchen,
wenn sie huren u. s. w." d. h. wenn ihr der Vorwurf des
Ehebruchs gemacht wird und es ist kein Zeuge da, so soll

---

[1] Auch das ist ein Anklang an Theodor col. 149 B: Τοιούτων
ἀπολαύσας καρπῶν, οἵαπερ ἔσπειρε.

[2] Dieser ganze Passus von „Wiederum" an ist abgekürzte Wieder.

---

[1] So I, dagegen L hat statt die durchgestrichenen Worte .
[2] So I und L, dagegen Lee lässt dies Wort aus.
[3] So I, dagegen L .

---

gabe von Cyrill, wie es im Codex. Syr. hexapl. col. 1141, links, Zeile
34 ff vorliegt.

3 Sachlich dasselbe Theodor col. 149 C.
4 Sachlich dasselbe Barhebraeus pag. 5, Zeile 8.
5 Sachlich dasselbe Barhebraeus pag. 5, Zeile 19 und 6, Zeile 1.

sie Gerstenmehl als ihr Opfer darbringen. Und Öl soll sie nicht dazu giessen auch nicht Weihrauch (dazu thun). — Weil sie in Traurigkeit ist, so ist auch die Form ihres Opfers in Traurigkeit. — Und er (der Priester) nehme Wasser in ein irdenes Gefäss und vom Staube auf der Erde werfe er ins Wasser. Und er stelle das Weib hin und nehme die Beschwörung u. s. w. mit ihr vor. Wenn sie bestand und (künftig) Samen und Kinder hervorbrachte, (war es gut); wo nicht, platzte sie (Num. 5, 15 ff.).[1] Jetzt aber droht er: „Ich will Jerusalem verwüsten und keine von euren Abmachgungen und Bestrebungen soll bestehen bleiben u. s. w.", weil alles an den Tempel gebunden und durch ihn vollendet ist. „Das einsichtslose Volk hat die Hure umarmt" d. h. dieses Volk, dessen Unterscheidungsvermögen blind ist und das nicht einsieht, was für ein Gott in seiner Mitte Wohnung gemacht und sich niedergelassen hat, ist in den Götzendienst verliebt und ganz von Sinnen umarmt es die Kälber und schwelgt in Hurerei mit den Dämonen.[2]

IV, 15: „Awan" ist ein anderer Götze,[3] abgesehen von dem in Gilgal.

IV, 16: „Er wird sie weiden wie Schafe" d. h. Gott wird sie zerstreuen in die weiten Lande der Gefangenschaft und sie werden umherirren und umherschweifen, wie das Schaf, das auf weiter Trift umherirrt und seine Mutter sucht.[4]

IV, 17: „Lass es" spricht der Prophet zu Gott. Lass Ephraim erlangen die Früchte seiner Gemeinschaft mit den Götzen,[5] Gefangenschaft und Schwert.

---

[1] Auch Barhebraeus pag. 6, Zeile 1f weist auf diese alttest. Ceremonie.

[2] Barhebraeus pag. 6, Zeile 2f sachlich dasselbe.

[3] Das klingt an Theodor col. 152D an: οἷόν πέρ ἐστι τὸ Ὂν εἴδωλον.

[4] Fast wörtlich so Theodor col. 153A: Διασκορπίσω τοίνυν

. fol. 211b

---

1 So I, dagegen L .

αὐτοὺς τῇδε κάκεῖσε περιάγων τῇ τῶν πολεμίων ἐφόδῳ, ὡς μηδὲν
ἀμνοῦ διαλλάττειν ἐν μεγίστῃ χώρᾳ, διατρέχοντός τε καὶ πλανωμένου
καὶ τὴν οἰκείαν ἐπιζητοῦντος μητέρα. Auch Barhebraeus pag. 6, Zeile 3 f
sachlich dasselbe.

5 Ähnlich Barhebraeus, pag. 6, Zeile 4 f.

IV, 18: „Der Wind verwickele sich (fange sich) in (ihre Rockenden)" d. h. sie mögen wie von einem Sturmwind in die Gefangenschaft getrieben werden — nach der Analogie des Vogels, der Luft in seinen Flügeln sammelt und in die Höhe gehoben wird.[1]

V, 1: „Schlingen seid ihr geworden" d. h. er redet zu den trügerischen Propheten, die die Weissagungen der wahren Propheten Lügen strafen und im Volke Irrtum (des Götzendienstes) säen. Oder: Er redet zum ganzen Volke,[2] das die Propheten mit seinen Anschlägen umbrachte, wie Tiere zum Schlachten. „Tabor" ist ein Berg in ihrem Lande.

V, 13: „Jareb" ist Ägypten.[3]

V, 14: Der Grieche: „Ich werde sein, wie ein Panther für Ephraim". Der Panther ist ein reissendes Tier, das vom Pandir und vom Leoparden verschieden ist.[4]

V, 8: „Man schrie zu Beth Awan hinter dir her, Benjamin" weist auf den Umstand, dass man einander einlud, beim Götzen Awan zusammenzukommen.[5] Von Benjamin aber deutet er auf das Königreich Juda.[6] Und er setzt die Bestrafung dieses Geschreis fest, nämlich die Feinde.

V, 15: „Ich will wieder an meinen Ort gehen", spricht Gott d. h. ich werde für mich allein sein[7] am Ort meiner Ehre u. s. w.

VI, 2: „Am dritten Tage wird er uns neu beleben" d. h. so leicht ist es für seine Macht, dass er in kurzer Zeit die Erfüllung für diese unsere Sache bringt, dass er, wenn er einen Tag uns straft, am dritten Tage uns zurückführt nach Jerusalem und uns unseren früheren Wohlstand wiedergiebt.[8]

---

[1] Fast wörtlich so Theodor col. 153B: ὡς γὰρ ἱπτάμενον τὸ ὄρνεον ταῖς πτέρυξι ταῖς οἰκείαις τὸ ἀέριον ἐλαῦνον πνεῦμα, μετάρσιον αἱρεται τῇ πτήσει, οὕτως ὑπὸ τῆς ὀργῆς οὗτοι ληφθέντες τῆς ἐμῆς ......

ܐܣܝܪܐ ܗܗܠ ܡܥ ܗܘ ܕܚܝܚܠܝܠܐ. ܘܦ. ܕܐܢܚܕ ܐܠܗ. ¹ ܐܡܪ ܐܚܬܐ.
ܘܐ. ܢܚܪܘ ܐܠܗ ܐܠܗܘܐ ܚܐܘܕܚܐ ܕܘܡܣܐ ܕܡܚܠ. ܘܕܘܘܘܡ ܠܚܝܢ
ܘܩܘܡܝ. ܚܝܡܚܐ ܐܗܕܐ ܘܐܚܠ ܚܡܥܪܚܪ ܘܘܡܣܠ ܕܚܕܐ ܠܐܡܚܘ. ܘܦ.
ܕܐܚܘܘܘ ܠܚܘ. ܢܚܠ ܐܗܕ ܠܐܚܕܘܐ. ܘܐܚܘܘܡܘ ܠܚܡ ܠܐܘܝܡܪ
ܚܥܐ ܗܐܘܐ ܘܐܡܘܐܘܘܝܘ ܘܚܘܐ ܗܐܡܪܐ ܚܚܐ ܡܣܢܚܐ ܐܘܝܗܪܪ ²
ܘܘܡܣܠ ܐ. ܘܐ. ܕܐܡܚܠܝ ܐܡܪ ܘܚܪܘܡܠ ܕܚܠܚܠܠ ܚܚܡܣܠ. ܡܝ
ܘܡܚܐ ܗܪܡܐܐ ³ ܘܡܣܐ ܐܠܐ ܚܝܚܬܥ ܡܥܠܚܚܠܚܐ ܚܪܘܡܚܠ. ܘܦ.
ܘܗܝܠ ܘܗܘܡܚܝ. ܘܐ. ܚܚܚܠ ܕܝܢܠ ܐܚܪ. ܘܡܪܝܚܚ ܠܚܚܚܩܠܐܐ ⁴
ܘܝܚܠ ܗܪܘܐ ܘܪܚܝ ܚܚܡܠ ܠܡܚܚ ܠܘܡܚܣ ܐܘ ܠܚܡܠܘ ܚܡܠ ܐܚܪ.
ܘܐܚܘܚܝ ܘܘܘ ܚܚܠ ܘܘܘ ܕܐܚܘܗܡܘܘܘܡܝ ܐܡܪ ܘܚܣܐܐ ܚܡܘܡܠܐ.
ܠܐܚܪ ܠܐܗܪܐ ܘܘܘ ܘܚܠܐܚܪܘܘܝ. ܢܪܕ ܡܪܘܝ. ܡܘܣܠ ܐܠ ܐܘܘܐ⁵

---

¹ So I und L, dagegen Lee fügt ܡܪܝܣܐ hinzu.
² So I und L, dagegen Lee fügt ein parasitisches Jod hinzu.
³ So I, dagegen L ܘܡ'.
⁴ So L, dagegen I ohne Sĕyâmê.
⁵ So I und L, dagegen Syr. hex. ܐܠܬ.

ἀπαχθήσονται ... εἰς αἰχμαλωσίαν. Auch Barhebraeus im zweiten Teile seines Scholions pag. 6, Zeile 6 sachlich dasselbe.

² Sachlich ebenso Theodor col. 155 C: πρός τε τοὺς ἱερέας καὶ τὸν Ἰσραὴλ, καὶ τοὺς τῆς βασιλικῆς οἰκίας ἅπαντας λέγων.

3 Auch Ephraim pag. 240 C und Barhebraeus pag. 6, Zeile 10 deuten so.

4 Diese Erklärung steht am rechten Rande des Codex Syr. hexapl. l. c. col. 98ʳr und ist von dort herübergenommen, doch mit Verschreibung des ܡܪܝܒ in ܥܠܡܪܘܐ.

5 Sachlich dasselbe Barhebraeus pag. 6, Zeile 8.

6 Wörtlich so Theodor col. 156 D: ἀπὸ μὲν γὰρ τοῦ Βενιαμὶν τὴν τῆς Ἰουδαίας λέγει βασιλείαν, und Barhebraeus pag. 6, Zeile 8 f.

7 Wörtlich so Theodor col. 160 B: κατ' ἐμαυτὸν ἔσομαι. Sachlich dasselbe Barhebraeus pag. 6, Zeile 10 f.

8 Sachlich ebenso Barhebraeus pag. 6, Zeile 11.

VI, 5: „Ich schnitt die wahren Propheten ab u. s. w." (meint) nicht, dass er selbst sie tötete, sondern (es weist) darauf hin, dass er sie zwang, sich senden zu lassen, obwohl er wusste, dass sie getötet würden.[1] „Ich schnitt ab" d. h. ich tötete sie allmählich.

VI, 7: „Dort haben sie mich getäuscht". Nicht von einem Ort redet er, sondern er weist darauf hin, dass sie bei derartigen Thaten gesehen wurden. Und es gleicht jenem: „Dort will ich ihm kund thun den Weg u. s. w." (Psalm 50, 23). „Wie ein Mensch haben sie meinen Bund übertreten" d. h. wie einer, der da übertritt das Gebot eines Mitmenschen, (als wären sie Gleichgestellte.)[2] Oder: Sie alle haben wie ein Mensch (Sünder) meinen Bund übertreten.

VII, 4: „Alle ihre Herrscher kochen" d. h. sind erhitzt und entbrannt in Ehebruch und Hurerei des Leibes und der Seele, wie ein Ofen, der erhitzt ist, gegenüber den Brotkuchen.[3] Der Grieche liest: „(Alles) bricht die Ehe", d. h. durch Stierdienst u. s. w.

VII, 5: (Am Tage) der Könige fingen sie an" d. h. am Tage, da die Könige eingesetzt wurden und der Gewohnheit des Trinkgelages pflegten, wurden sie (die Grossen), weil sie nach Blut dürsteten und Rebellion machen wollten, zornig und widerspenstig vom Weingenuss.[4]

VII, 4: „Es wird in der Stadt nicht mehr vorhanden sein einer, der da knetet den Teig" d. h. eure Städte werden wüste sein durch das Kommen des Assyrers, indem kein Mensch mehr da ist, der knetet und durchsäuert, und auch kein (Brot)bäcker und (Brot)esser mehr wird in eurem Lande gefunden.

---

[1] Mit wörtlichen Anklängen so Theodor col. 161 B: Οὐ γὰρ τοῦτο λέγει, ὅτι αὐτὸς διὰ τῆς οἰκείας φωνῆς τοιαῦτα διετίθει τοὺς προφήτας, ἀλλ' ἵνα εἴπῃ ὅτι δι' ὧν ἐπέταττον αὐτοῖς πρὸς ὑμᾶς παραγίνεσθαι,

---

1 So I, dagegen L .
2 So Lee, doch ohne , dagegen I und L .
3 I und L , Lee lässt das Wort ganz aus.

μικροῦ γε τοῦτο αὐτὸς εἰργαζόμην. Sachlich ebenso Barhebraeus pag. 6, Zeile 13.

² Dasselbe scheint der Sache nach auch Barhebraeus pag. 6, Zeile 14 f. zu bieten.

3 Sachlich dasselbe Theodor col. 165 C: μοιχικήν τινα γνώμην ἀνεδέξαντο, πρὸς τὴν τῶν δαιμόνων ἀποκλίναντες θεραπείαν· καὶ δίκην κλιβάνου πρὸς πέψιν ἐκκεκαυμένου. Auch Barhebraeus pag. 6, Zeile 16 f. (in der zweiten Hälfte des Scholions) sachlich dasselbe.

4 Dasselbe scheint der Sache nach auch Barhebraeus. pag. 6, Zeile 19 zu bieten.

VII, 8: „Ephraim hat sich mit den (andern) Völkern vermischt", d. h. durch Anbetung der Dämonen.[1] „Der, ehe er durchgebacken war". Wie ein Kuchen, der nicht vollständig durchgebacken ist, von einem Hungrigen verzehrt wird, so sind die Völker begierig, ihn (Ephraim) zu verschlingen durch Wegführung, d. h. die Assyrer. Wegen seines Wohlstandes nämlich nennt er ihn nicht einen Brotfladen, sondern einen Kuchen. Und es gleicht jenem: „Kaum ist sie in seiner Hand, so verschlingt er sie" (Jes. 28, 4).[2]

VII, 9: „Und das Silberhaar ist (ihm) ausgegangen" d. h. auch nicht in solcher langen Zeit ward es geneigt, auf das zu blicken, was sich ziemt.[3]

VII, 11: „Nach Ägypten kamen sie und nach Assur." Der Grieche: „Ägypten riefen sie" d. h. sie riefen die Ägypter zu Hülfe und von den Assyrern wurden sie hinweggeführt.[4]

VII, 14: „Um das Getreide und um den Most strengten sie sich an" d. h. für das Getreide und die übrigen Güter haben sie sich angestrengt vor den Dämonen, wie in den Tagen des Elias, da sie sich mit Schwertern ritzten, indem dass sie die Götzen für die Geber ihrer Güter hielten.[5] Der Grieche: „Um das Getreide und den Most zerfleischten sie" einander und ihre beiden Hände mit Eisen, damit sie auch ihr Blut den Götzen als Opfer darbrächten.

---

[1] Fast wörtlich dasselbe Barhebraeus pag. 6, Zeile 20 f.

[2] Sachlich dasselbe Barhebraeus pag. 6, Zeile 21 f.

[3] Wörtlich so Theodar col. 168 B: οὐδὲ τῷ μακρῷ χρόνῳ πρὸς τὸ δέον ἑλόμενος ἰδεῖν. Auch Barhebraeus pag. 6, Zeile 22 f sachlich dasselbe.

[4] Sachlich ebenso Theodor col. 168 D und Barhebraeus pag. 6 Zeile 23 f.

[5] Sachlich dasselbe Barhebraeus pag. 6, Zeile 26 f.

 fol. 212a.
---

¹ So I und L, dagegen Lee

² So I, dagegen L und Syr. hex. .

³ So richtig L, dagegen I und Lee .

⁴ So I und L, dagegen Lee .

⁵ So I und Lee, dagegen L .

VIII, 4: „Sie haben einen König eingesetzt, aber
nicht von mir" bezieht sich darauf, dass sie Saul zum
Könige machten, wider den Willen Gottes.[1]

VII, 16: „Das ist ihre Verderbtheit im Lande
Ägypten" d. h. ihre Verdrehtheit. Es gleicht aber diese
Verdrehtheit und Verkehrtheit, die sie jetzt zeigen, derjenigen,
welche ihre Väter in Ägypten und der Wüste gezeigt haben,
die darin bestand, dass sie, obgleich die Heilsgüter an ihren
Mund gesetzt waren, sie dennoch verwarfen durch ihre
Verkehrtheit.

VIII, 1: „Und dein Mund, o Prophet, ist wie ein
Horn und wie ein Adler," d. h. das Horn der Feinde
schallt über ihnen und wie ein Adler fliegen sie (die Feinde)
schnell herbei und den Tempel Gottes verbrennen sie[2] und
sie selbst (die Bewohner) schleppen sie in die Gefangenschaft.

VIII, 6: „Denn aus Israel stammt er" d. h. jener
Götze, auf den sie trauen.

VIII, 9: „Ephraim hat Geschenke geliebt" von
Armen und Dürftigen, d. h. Bestechung im Gericht. Oder:
Geschenke liebte er, nicht zum Nehmen, sondern für die
Assyrer als Bestechung. Indem er das (nämlich die Bestechung) ausübte, hat er einen Vorteil nicht gehabt, sondern
er empfing sogar Strafe von ihnen.[3] „Er ging hinauf
nach Assyrien wie ein einsamer Wildesel." Ein
Wildesel aber, wenn er keinen Helfer hat, wird mit Leichtig-
keit erjagt.[4]

VIII, 10: „Und sie sollen sich ein wenig ausruhen
von der Abgabe an die Könige" und ihrem Tribut.

---

[1] Sachlich ebenso Barhebraeus pag. 7, Zeile 1.
[2] Sachlich dasselbe Theodor col. 172 A und Barhebraeus pag. 6,
Zeile 27—29.
[3] Sachlich ebenso Barhebraeus pag. 7, Zeile 2 f.
[4] Fast wörtlich so Barhebraeus pag. 7, Zeile 2 f.

---

[1] So I, dagegen L lässt , ausfallen.
[2] So I und L, dagegen Syr. hex. .
[3] So I und L, dagegen Lee .
[4] So I und L, dagegen Lee lässt = uud ausfallen.
[5] So I und L, dagegen Lee lässt dies Wort ausfallen.
[6] So I, dagegen L hat das Wort ausgestrichen.

Er deutet nämlich auf die kleine Erholung nach der Rückkehr (aus dem Exil) d. h. bis zur Zeit der Makkabäer.[1] Ḥanânâ aber bezieht es auf die 70 Jahre Gefangenschaft, wo sie nicht Könige salben und nicht Abgaben zahlen.[2]

IX, 1: „Du liebtest Geschenke von (allen Tennen)" d. h. die Erstlinge, die man den Dämonen darbrachte.[3]

VIII, 13: „Opfer der Auswahl opfern sie." Nicht von ihrem Eigentum opfern sie, sondern sie sammeln das Geld von andern und kaufen etwas Wertloses und opfern mir. Ḥanânâ: Sie wählen die fetten Tiere aus und opfern (sie) den Götzen.[4]

XI, 4: „Wie Drangsalsbrot ist es ihnen" d. h. Auch jenes Etwas, das sie mir darbringen, wie aus Drangsal und aus Zwang bringen sie es mir[5] Oder: Wie Speise diejenigen anekeln, die bedrängt sind und über Tote trauern, so ekeln Gott ihre Opfer an.[6] „Denn das Brot ihrer selbst geht nicht (in das Haus des Herrn)."»> An keiner Gabe, die sie darbringen hat Gott Wohlgefallen, sondern sie kehrt zu ihnen zurück. Und es gleicht jenem Worte an Kain: „Zu dir wird es sich zurückwenden und du wirst darüber herrschen" (Gen. 4,7).[7] „Brot" nennt er ihre Opfer entweder vom Teil auf das Ganze deutend, oder weil man die Gewohnheit hatte, auch das Brot zu opfern.[8]

---

[1] Fast wörtlich so Barhebraeus pag. 7, Zeile 5.

[2] Auch Ephraem pag. 243 C lässt diese Auffassung zu: ܩܘܠܬܐ ܘܡܥܠܬܐ ܠܩܠܬܐ ܩ ܗܘ.

[3] Das klingt an Theodor col. 176 C an: ἀπαρχὰς ἐξ ἀπάντων προσῆγες τοῖς δαίμοσιν·

[4] Diese beiden Auffassungen hat Barhebraeus pag. 7, Zeile 6 f zu einer vereinigt. Auch das spricht dafür, dass ihm Išôdâdh als Vorlage diente.

[5] Sachlich dasselbe Ephraem pag. 243 E und Barhebraeus pag. 7, Zeile 7 f.

[6] Fast wörtlich so Theodor col. 177 A: πᾶς δὲ ὅστις οὖν ἐν

---

¹ So I, dagegen L .
² So I, dagegen L .

πένθει μεταλαμβάνειν ἀναγκαζόμενος τροφῆς, ... οὕτω τὰς προσα-
γομένας αὐτῷ θυσίας . . . . ὁρᾷ ὁ θεός.

7 Von >>> an fast wörtlich so Theodor col. 177 B: πᾶσα τοίνυν
προσκομιδὴ ἣν ἂν ποιῶνται εἰς αὐτοὺς ἀποστραφήσεται, δεκτὴ θεῷ
κατ' οὐδένα γινομένη τρόπον.

8 Hier sind Theodor's ursprüngliche Worte (wahrscheinlich weil
sie missverstanden wurden) in ein ganz anderes logisches Verhältnis
gebracht, cfr. col. 177 C: ἄρτους δὲ ὠνόμασε τὰς προσφοράς, ἐκ
μέρους ἀπάσας λέγων τὰς προσφοράς, ἐπειδὴ καὶ ἄρτους προσφέρειν
εἰώθεσαν.

IX, 5: „Die Festversammlung des Herrn" nennt er die Versammlung, die zum Assyrer kommt.

IX, 7: „Es wird zur Einsicht kommen das thörichte Israel" d. h. an jenem Tage der Gefangenschaft wird Israel seine Thorheit und den Irrtum, den es liebte, bekennen. Es fällt nämlich ein hartes Gericht herab, das ihm den Verstand benimmt und Kopfschmerzen macht, >>> nach Analogie eines Propheten, von dem offenbar geworden ist, dass er infolge eines trügerischen Geistes thöricht und sinnlos ist.[1]

IX, 8: „Ein Späher ist Ephraim in Gemeinschaft mit meinem Gotte" d. h. >>> er ward von Gott eingesetzt, dass er sähe die Wahrheit und das, was sich ziemt, erspähte. Wie ein wahrer Prophet sollte auch er (Ephraim) in Gemeinschaft mit Gott ein Lehrer der Andern sein. Er (Ephraim) hat aber im Gegenteil wie ein falscher Prophet andere von der Wahrheit abgewandt.[2] Der Grieche: „Ein Späher ist Ephraim in Gemeinschaft mit Gott". „Der Prophet eine verkehrte Schlinge auf allen seinen Wegen." Für ihn nämlich, den Späher in Gemeinschaft mit Gott, ist der Prophet so gewesen. Jeder einzelne von den falschen Göttern hatte nämlich bekanntermassen einen falschen Wahrsager und in mancherlei Irrtum trennte man sich. Und jene dienten dem Baal, diese aber dem Kamosch d. h. dem Baal Peor. Und in jedem Tempel gab es einen Götzen. Und zuverlässig war (galt) jedem einzelnen sein falscher Prophet. Und verschiedenartig war bei ihnen die Art des Dienstes und der Wahrsagerei.[3]

IX, 9: „Die Tage des Hügels" nennt er (die Zeit), da Moses am Berge Sinai war, und sie machten ein Kalb und beteten es an.[4]

---

[1] Von >>> an sachlich übereinstimmend mit Theod. col. 180A und Barhebraeus pag. 7, Zeile 9 f.

[2] Von >>> an zum Teil wörtlich so bei Theodor col. 180B:

[ܣܘܪܝܝܐ ܟܬܒܐ — Syriac text, 11 lines]

---

[1] So I und L, dagegen Lee ܚܝܝܚܠܘܪ.

[2] So L, dagegen I ܝܪܐܘ.

[3] Wenn ܢܚܡܠ ein Pešittô-citat beginnen soll, so ist zu bemerken, dass Lee ܝܠܡܘܦܐܠ für ܡܚܡܚܚ liest.

[4] Wenn hier noch der Text des Joniers sein soll, so beachte, dass Syr. hex: ܝܠܕܚ ܝܐܘܪܐܠ.

[5] So I, dagegen L ܩܡܫܝܠܠ.

ἐχρῆν μὲν γάρ σε σκοπὸν εἶναι τοῦ καλοῦ ἑτέροις, καὶ μετὰ θεοῦ διδάσκειν τοὺς λοιποὺς τὸ δέον, ἅτε παρ' αὐτοῦ μεμαθηκότα τοῦτο. γέγονας δὲ τὸ ἐναντίον ὁδὸς ἅπασιν τοῦ χείρονος. Sachlich ebenso Barhebraeus pag. 7, Zeile 12 f.

3 Diese ganze Erklärung des griech. Textes ist ein Citat aus Cyrill das mit Auslassung von einigen Zwischensätzen wörtlich aus Cod. Syr. hexapl. l. c. fol. 98 v, unt. Rand herübergenommen ist.

4 In der Zeitbestimmung, also sachlich ebenso Theodor col. 180 C und Barhebraeus pag. 7, Zeile 14.

IX, 10: „Wie Trauben in der Wüste etc." d. h.
all diese Liebe sah ich bei ihren Vätern, wie einer der
es laut bekannt macht, wenn er in der Wüste Trauben
findet wider alles Erwarten oder Feigen an den Bäumen, die
vor der gewöhnlichen Zeit zum Vorschein kamen.[1]

IX, 13: „Ephraim, wie ich hinblickte auf Tyrus"
d. h. mit so grossem Zorn bin ich gegen sie erfüllt, dass
sie, auch wenn sie durch einen Bau gegründet sind wie
Tyrus durch seine Bauten, von Allem beraubt werden
sollen.[2]

IX, 15: „Und aus meinem Hause stosse ich sie
hinaus." Mit seinem Hause meint er hier und auch sonst
das Land der Verheissung, sintemal es ihm gefiel, sich
darin aufzuhalten.[3]

X, 4: „Redet Worte falscher Vorwände." Er
meint aber die Worte Jerobeams: „Es ist euch zuviel, nach
Jerusalem hinaufzugehen" (1 reg. 12, 28).[4]

X, 6: Und auch es selbst (das Kalb) wird man
nach Assur schleppen," d. h. zur Zeit, da sie bedrängt
werden, zerbrechen sie den Götzen, da er ja von Gold
gearbeitet ist,[5] und sie bringen davon ein Geschenk dem
Assyrer. Und nachdem sie von dem Assyrer gezüchtigt
sind, bringen sie davon (ein Geschenk) dem König von Jareb

---

[1] Wörtlich so Theodor col. 180 C: Τοσαύτην ἐπεδειξάμην περὶ
τοὺς πατέρας αὐτῶν διάθεσιν, μεθ' ὅσης ἂν ἐν ἐρήμῳ σταφυλὴν ἴδοι
τις παρὰ πᾶσαν εὑρὼν ἐλπίδα, ἢ σῦκον ἐπὶ τοῦ δένδρου πρὸ τοῦ εἰωθότος
φανὲν καιροῦ. Sachlich ebenso Barhebraeus pag. 7, Zeile 15.

[2] Sachlich ebenso Barhebraeus p. 7, Zeile 16 f.

[3] Wörtlich so Theodor col. 181 C: Τῆς γῆς, φησί, τῆς ἐπαγγελίας
αὐτοὺς ἐκβαλῶ. οἶκον ἑαυτοῦ καλῶν γῆν πᾶσαν, ὡς ἐν αὐτῇ διάγειν
ἑλόμενος. Sachlich ebenso Barhebraeus pag. 7, Zeile 17 f.

[4] In der Zeitbestimmung, also sachlich ebenso Theodor col. 184
C und Barhebr. pag. 7, Zeile 18 f.

[5] Das klingt an Theodor col. 185 B an: ἅτε ἐκ χρυσοῦ κατε-
σκευασμένας τὰς δαμάλεις συντρίψαντες. . . Barhebraeus pag. 7, Zeile

---

x So I, dagegen L .
* So L und Lee, dagegen I .
3 So I und L, dagegen Lee = 2. pers. sing. Perf.
4 I und L nur .
5 So L, dagegen I .
6 So I und L, dagegen Lee ohne .
7 I und L mit Sĕyâmê.

20—22 bietet hier Theodor genau mit denselben Zusätzen wie Išŏʻdâdh. Daraus folgt, dass er den Mopsuestener in der von Išŏʻdâdh gegebenen Einrahmung vor sich hatte.

d. h. von Ägypten, um mit ihm den Bund der Knechtschaft zu machen.

X, 8: „Die Kultstätten," die Tempel, die den Götzen erbaut sind.

X, 9: „Seit den Tagen des Hügels hast du gesündigt." Von Israel deutet er aufs ganze Volk und von einem Hügel auf alle Hügel, auf denen sie den Götzen opferten.[1] „Dort werden sie dastehen" d. h. aber in der Gefangenschaft. „Und nicht wird er zu ihnen kommen" und ihnen zu Hülfe kommen,[2] denn weder die Götzen, noch die Ägypter, noch irgend einer von denen, auf die sie trauen, ist imstande, sie zu retten aus meinen Händen.

X, 11: „Ich will Ephraim das Joch auflegen" auf seinen harten Hals und will niederbeugen seine Wildheit. „Und es wird herankommen (Juda)" d. h. es soll untergetreten werden unter Juda,[3] wie die Ähren durch den Dreschschlitten. Der Grieche: „Ich werde Juda zum Schweigen bringen."

X, 13: „Ihr habt gefahren" d. h. ihr habt gepflügt.

X, 14: „Wie die vollständige Plünderung von Bethel" d. h. so werde ich euch vernichten, wie die vollständige Plünderung, mit der ihr geplündert wurdet am Tage, da Hasael mit euch Krieg führte, da man die Mutter samt ihren Kindern zerschmetterte und die Schwangeren aufschlitzte (2 reg, 8, 12).[4] Ḥanânâ liest: „Plünderung des Friedens". Am Tage, so sagt er, da ihr den Götzen

---

[1] Das findet sich nicht bei Theodor an dieser Stelle, ist aber aus dem sonstigen Gedankenschatze Theodors ergänzt, cfr, 1, 4a; 2, 15c; 5, 8 etc. Sachlich dasselbe bietet auch Barhebr. pag. 7, Zeile 24 f.

[2] Fast ebenso Barhebraeus pag. 7, Zeile 25.

[3] Sachlich ebenso Barhebr. pag. 7, Zeile 27.

[4] Es ist möglich, dass hier Ephraim pag. 245 B in umgearbeiteter

1 So I, dagegen L .

2 So L, dagegen I für die letzten beiden Worte.

3 So I und L, dagegen Syr. hex. .

4 So L, dagegen I .

5 So I, dagegen L — (ohne dass) ihr schreit.

Form vorliegt:
Barhebraeus pag. 7 Zeile 28 f. würde dann die von Išô'dâdh gegebene Form Ephraims bieten.

einen Festtag feiert, wird plötzlich der Krieg der Feinde über euch kommen, und wie im Frieden, während ihr ohne Furcht seid, wird man euch alle in die Gefangenschaft führen indem man euch vergilt in Gerechtigkeit — nach Massgabe dessen, was von euch schonungslos und erbarmungslos an einander gethan wurde. Es scheint, dass sie einmal, als sie versammelt waren, einen Festtag des Götzen in Bethel zu feiern, einander unbarmherzig getötet und geschlachtet haben.

XI, 2: „Wie man sie rief" d. h. Moses und die anderen Propheten, „so gingen sie" rückwärts, wie ein Mensch, den man heranzieht, der sich aber immer mehr entfernt.

XI, 3: „Und ich führte Ephraim" aus Ägypten. „Und nahm sie auf meine Arme" d. h. ich machte sie eilen, wie Väter ihre Kindlein eilen machen. Einige lesen: „Und ich schuf u. s. w."

XI, 4: „Mit Menschenseilen züchtigte ich sie." Wie es die Väter machen, die mit dem Zügelstrick ihre Kinder ziehen, wenn sie sich vergehen, so habe auch ich sie gezogen mit mässiger Züchtigung. Einige lesen nach dem Griechen: „Nach den Schmerzen der Gebärerin zog ich (sie) u. s. w." Als sie in harte und bittere Schmerzen des Lehmes und der Ziegelsteine geworfen wurden (Exod. 1, 14) und dem Verderben nahe waren, da zog ich sie gleichsam mit etwas Gewalt durch meine Kraft von dort heraus. Und wie „mit einer Kette" band ich sie mit meiner Liebe, und drückte (herzte) sie mit meiner Barmherzigkeit und es zwang sie mein Wirken, und „sie assen" die Güter des Landes der Verheissung. Und indem er auf die Gerechtigkeit der Strafe hinweist, spricht er:

XI, 5: „Denn sie wollten nicht umkehren" von ihren Sünden. [1]

XI, 8: „Aber du Ephraim," wie kannst du befehlen, dass

---

[1] Das ist eine neue Lesart der Pešittô.
[2] So L, dagegen I lässt die ganze Glosse von bis hierher ‍er hom. ausfallen.
[3] So I und L, dagegen Syr. hex. .
[4] So I und L, dagegen Lee mit Sĕyâmê.
[5] So I und L, dagegen Lee .

---

[1] Sachlich dasselbe Theodor col. 192 A: ἐπειδὴ ἀνένδοτοι μεμε-
ήκασιν ἐν τῇ ἑαυτῶν κακίᾳ.

ich dich zurückführen und „dir helfen soll," da für dich nach Massgabe der Sünden selbst Sündflut und Verschlucken durch die Erde und Verbrennung wie die von Zeboim und Adama zu gering sind. Aber indem ich blicke auf den, der von dir aufgeht nach meiner Heilsverwaltung, „hat sich mein Herz gewandt und meine Barmherzigkeit ist offenbar geworden." Denn ich sehe, in welche Bedrängnisse ihr geworfen seid u. s. w.

XI, 11: „Sie bewegen sich" d. h. sie fliegen herbei.

XII, 2: Der Grieche: „Ephraim ist ein böser Geist" d. h. eine ermüdete Willenskraft.[1] „Und einen Bund haben sie mit dem Assyrer geschlossen und Öl haben sie nach Ägypten (gebracht)" weist darauf hin, dass einige nach Assur gingen d. h. die zehn Stämme, und einige nach Ägypten (er meint jene, die von der babylonischen Gefangenschaft zurückblieben).

XII, 4: „Und durch seine Kraft ward er gross," d. h. er ward stark und mächtig und trug die Bedrängnis der Streitsüchtigen, bis er durch die Kraft Gottes gross ward. Und er ward höher als alle seine Feinde.

XII, 8: „Die Wage des Betrugs ist in der Hand Kanaans." Ephraim nennt er Kanaan wegen der Ähnlichkeit, die sie miteinander haben.[2]

XII, 9: „Und es spricht Ephraim: Ich bin reich geworden u. s. w." d. h. wenn das Unrecht seiner Bedrückung gerächt wird, dann sieht er (Ephraim) ein, dass er aus jenem Reichtum, den er aus dem von Armen Geraubten sammelte, Schmerzen und nicht Genuss fand.[3]

XII, 10: „Wiederum werde ich dich wohnen lassen in den Wohnungen." Wohnung nennt er den Wohnsitz in Palästina.[4]

XII, 12: „Auch eure Altäre sollen sein, wie Schildkröten auf dem Felde," d. h. wie Schildkröten,

 (fol. 213b)
---

1 So L, dagegen I مر أسو.

2 So I, dagegen L nur..... .

3 So I und L, dagegen Lee schickt ● voraus.

4 So I und L, dagegen Lee .

5 So L und wahrscheinlich auch I nach der Rasur, dagegen vor der Rasur hat I .

6 So I und L, dagegen Lee .

---

1 Theodor col. 193 C: ἵνα εἴπῃ προαίρεσις μοχϑηρά. πνεῦμα γὰρ πολλαχοῦ καλεῖ τὴν προαίρεσιν. Beachte die falsche Auffassung von μοχϑηρός beim Syrer.

2 Fast wörtlich so Barhebr. pag. 8, Zeile 7 f.

3 Sachlich ebenso Barhebr. pag. 8, Zeile 8 f.

4 Auch das ein Anklang an Theodor col. 197 A: Καὶ δὴ καὶ οἴκησιν παρέσχον, ἵνα εἴπῃ τῆς γῆς τῆς ἐπαγγελίας τὴν ἀπόλαυσιν. Sachlich ebenso Barhebr. pag. 8, Zeile 9 f.

wenn die Ströme austrocknen, elend werden und sterben, weil sie nicht gewohnt sind, ohne Wasser zu leben, so werden auch eure Altäre, wenn ihr in die Gefangenschaft geführt seid, wüste bleiben, indem sie verlassen sind von aller Ehre der Opfer.[1] Die Schildkröte hat zwei Lebensweisen, wie der Frosch und der Krebs und der Kastor d. i. der Biber.

Symmachus: „Wie ein Steinhaufen auf den Hügeln des Feldes". Theodotion: „Wie ein Hügel auf den Furchen". Und indem er zurückkehrt zu der Ordnung die er oben verlassen hatte, spricht er:

XII, 13: „Und es floh Jakob in das Land Aram."

XIII, 1: „Als er redete, zitterte Ephraim". Entweder: Er (Ephraim) zitterte vor der Strafe für sein Schmähen und böses Gerede. Oder: Als Gott redete auf dem Berge Sinai, zitterte er (Ephraim) vor Furcht.

XIII, 9: Für: „Ich habe dich vernichtet Israel" (sagt) der Grieche: „Deinem Verderben Israel".

XIII, 14 Mit „Hölle" meint er Assur,[2] mit „Tod" den König von Assur.

XIII, 15 „Denn er" der Assyrer, „wird das Haus der Brüder trennen" weist darauf hin, dass er sie an verschiedene Orte zerstreut hat, damit sie nicht in ihrer Einigkeit unter einander die Befreiung von dort erstreben, wie ja auch David sagt: „Die Zerstreuten Israels wird er sammeln"[3] „Es wird der Osten kommen, der Wind (des Herrn) u. s. w." Der Grieche: „Der Herr wird

---

[1] Sachlich und zum Teil auch wörtlich dasselbe Theodor col. 200 A: ἐπειδὴ γὰρ ἡ χελώνη ἐν ὕδατι εἴωϑε διαιτᾶσϑαι, ἐν χέρσῳ δὲ ληφϑεῖσα διαφϑείρεται πάντως, τῶν ϑυσιαστηρίων ἐβουλήϑη τῷ ὑποδείγματι τὴν διαφϑορὰν ὑποδεῖξαι. Auch Barhebraeus pag. 8, Zeile 11 f. zum Teil wörtlich dasselbe.

[2] Sachlich ebenso Theodor col. 205 A. Beachte, dass Barhebraeus pag. 8, Zeile 19 f. den Theodor in Išô'dâdh's Formulierung bietet.

[3] Wörtlich dasselbe Theodor col. 205 B—C: ὁ Ἀσσύριος διασπείρων αὐτοὺς τῇδε κἀκεῖσε ἐνοικίσας διαφόροις τόποις, ὡς ἂν

[Syriac text — 18 lines]

1 So I, L¹ und Lee, dagegen L² ohne Sĕyâmê.
2 So I, dagegen L ܠܨܡܝܐ.
3 So I und L, nach Syr. hex. liest Symmachus ܠܡܝ.
4 So I und L, nach Syr. hex. liest Theodotion ܠܟܠ.
5 I und L ܘܡܓܡܥ.
6 So L, dagegen I ܐܣܪ.
7 So I und L, dagegen Syr. hex. liest ܘ ܠܢܟܝ ܠܠܡܟܠܫܟܠܠ.

μηδὲ...... μηδὲ ἐκ συμφωνίας περὶ τῆς ἐκεῖθεν ἀπαλλαγῆς βουλεύοιντο ἔτι. οὕτω δὲ λέγει καὶ ὁ μακάριος Δαυίδ· τὰς διασπορὰς τοῦ Ἰσραὴλ ἐπισυνάξει. Sachlich dasselbe Barhebr. pag. 8, Zeile 21 f.

über ihn den Glutwind aus der Wüste führen"
Er redet nämlich vom Babylonier, welcher kommt und ihr
ganzes Glück zerstört.[1]

XIII, 11: „Ich gab einen König in meinem Zorn
u. s. w." spricht er in Beziehung auf das, was zur Zeit Sauls
geschah.[2]

XIV, 7: „Und sein Geruch wie der Libanon".
Der Grieche: „Wie Weihrauch".[3]

XIV, 9: „Wie dichte Cypresse". Dieser Baum grünt
im Sommer und im Winter,[4] wie Myrthe und Ölbaum.
Der Hebräer sagt für „qâtarqâ" „berôthâ".

Zu Ende ist die Auslegung des Hosea.

Ferner die Auslegung des Joel.

(Hierzu sind verglichen die Commentare von Ephraem, Theodor, Theodoret, Cyrill, Gregorius Barhebraeus.)

Auch Joel lebte zu derselben Zeit wie Hosea und weis-
sagte über dieselben (Menschen).[5]

Cap. I.

I, 4: „Mâšôṭâ" gleicht einem Wurm. Und er ist
schwärzer und länger als ein Wurm. Und wenn er über
das Land herfällt, so zerstört er nicht die ganze Saat, sondern frisst nur die Blätter, indem er den Rest übrig lässt.
Und mit diesem vergleicht der Prophet den Tiglathpilesar,
weil der Schaden klein war, den er unter dem Volke an-

---

[1] Fast wörtlich so Theodor col. 205 D: λέγει δὲ τὸν τῶν Βαβυ-
λωνίων βασιλέα, ὅς....... ὅλον αὐτὸν ἀφανιεῖ διόλου· τήν τε εὐπρα-
γίαν αὐτοῦ.

[2] Sachlich ebenso Theodor col. 204 B—C.

[3] Auch hier wird Barhebr. pag. 8, Zeile 24 Išôʿdâdh benutzt haben,
nur hat er seine Vorlage missverstanden, indem er ܐܝܐ für ܠܝܐ las.

[4] Das klingt an Theodor col. 209 B an: ἐπειδὴ ἀειθαλές ἐστι τὸ
δένδρον τοῦτο.

 fol. 214a, 2
---

[1] So I und L, dagegen Syr. hex.:
[2] So I und L, dagegen Lee fügt hinzu.
[3] So I und L, dagegen Syr. hex. .
[4] So I, dagegen L .
[5] So I, dagegen L .
[6] So I, dagegen L lässt dies Wort ausfallen.
[7] So I, dagegen L lässt dies Wort ausfallen.

---

[5] Derselbe Wortlaut bei Theodor (Migne, Tom. 66) col. 212 B:
Ἰωὴλ κατὰ τὸν αὐτὸν καιρὸν τῷ Ὡσηὲ γεγονὼς καὶ περὶ τῶν αὐτῶν
εἰπεῖν, doch beachte, dass der Syrer τῶν αὐτῶν masculinisch und nicht
neutrisch fasst.

richtete. „Qamṣâ phârĕḥâ" nennt er den Salmanasar,
weil seine Verwüstung grösser war, als die des Tiglathpilesar.
„Zaḥlâ" nennt er die kriechende Heuschrecke, die noch nicht
fliegt und alles abfrisst. Und mit dieser vergleicht er den
Sanherib, weil er seine Vorgänger im Zerstören übertraf.
Und er machte die vollständige Vernichtung der zwölf
Stämme. „Ṣarṣôrâ" geht auf der Erde und er allein hat
einen Stachel. Und wenn er die Wurzel der Bäume oder
irgend eines beliebigen (Gewächses) ansticht, so vertrocknet
das augenblicklich. Und (mit diesem) vergleicht er den
Nebukadnezar, weil er der Urheber der vollständigen Vernichtung ward.[1]

I, 7: „Weinstock" nennt er die breite Masse des
Volkes, „Feigen" aber die Grossen,[2] welche die Assyrer
und Babylonier hinwegführten. Ḥanânâ: „Weinstock"
die zehn Stämme, „Feigen" Haus Juda.[3] Ehe der Assyrer
kam, sandte Hiskia die Leviten zu den zehn Stämmen, dass
sie nicht vernichtet würden. Und sie stiessen in die Posaune
in ihrem Lande. Und sie versammelten die Männer und
die Weiber zum Tempel von Jerusalem. Denn ausser im
Tempel gab es kein Gebet. Und sie sprachen ein lautes
Gebet, wie ein gleiches nicht gewesen war von Alters her.
Und indem er lehrt, was sie im Gebet sagen sollten,
spricht er:

I, 15: „Wehe, wehe dem Tage", dem bösen.[4]

I, 17: „Und es sind geröstet die Kälber" d. h. wie im
Feuer sind die fetten Kälber verbrannt vor heissem Hunger.[5]

---

[1] Die Deutung der vier Heuschreckenarten auf dieselben vier Könige
findet sich schon bei Ephraem (opera omnia Tom. II) pag. 249 und
Theodor col. 213 B. Barhebraeus (Moritz) pag. 9 Zeile 2—7 zeigt so
deutliche Wortanklänge, dass es wunderbar wäre, wenn er Išôʿdâdh
nicht in irgend einer Form benutzt haben sollte.

[2] Sachlich ebenso deutet Theodor col. 213 D.

---

[1] So I und Lee, dagegen L .

---

3 Hanânâ's Deutung findet sich fast wörtlich wieder bei Barhebraeus pag. 9, Zeile 8 f.

4 Sachlich ebenso Barhebraeus pag. 9, Zeile 10 f.

5 Sachlich ebenso die erste Hälfte des Scholions von Barhebr. pag.
9, Zeile 11 f.

I, 19: „Dieweil das Feuer" d. h. die Hitze „frass".[1] „Anger der Trift" nennt er die Plätze, die zum Besätwerden geeignet sind, dieselben, die viele Ackerfelder nennen.[2] Andere: Fruchtbarer Boden, oder angenehme Plätze, die nach Süden blicken, d. h. Pfalzen, die der Sonne gegenüber liegen. Qaṭrâyâ (Gabriel von Baktrien): Orte, in denen man Getreide und Früchte und Joche und Heerden sammelt.

Cap. II.

II, 5: „Die da Lärm machen", d. h. die da scheu werden und aneinander stossen.[3]

II, 8: „Infolge der Last ihrer Rüstung sollen sie fallen etc." d. h. von derselben Rüstung bedeckt legen sie sich zum Schlaf und wandeln[4] einher, weil sie fürchten, man könnte ihnen auf den Kopf kommen und sie treffen, da sie doch nicht wissen, was für ein Ende sie trifft.

II, 10: „Es erbebten die Himmel und die Sonne und der Mond verfinsterten sich". Nicht von den Elementen spricht er, dass sie erbebten und sich verwandelten, sondern aus der Gewohnheit derer heraus, die von Bedrängnissen ergriffen sind, dass (nämlich) die Sonne in deren Augen finster sei und (es so sei) als ob die Himmel erbebten.[5]

II, 17: „Altarfüsse" nennt er den Eingang zur Altarnische.[6]

II, 18; Von jenem: „Es eiferte der Herr für (sein Land)" sagt der Ausleger, dass es mit Vertauschung des

---

[1] Sachlich ebenso Barhebr. pag. 9, Zeile 12 f.

[2] Derselbe Wortlaut bei Theodor col. 217 D: „ὡραῖα" γὰρ „τῆς ἐρήμου" λέγει τοὺς .... τόπους πρὸς σπερμάτων καταβολὴν ἐπιτηδείους ὄντας, οὓς εἰώθασιν κοινῷ λόγῳ „ὀροπεδία" καλεῖν.

[3] Sachlich ebenso Barhebr. pag. 9, Zeile 14 f.

[4] Beachte, dass diese Erklärung nur zum LXX-Text, aber nicht

---

1 So I und L, dagegen Lee nur ܝܢܣܐ.

---

zum Pešittô-Text passt. Sie ist ein wörtliches Citat aus Theodor
col 221 C: Μετὰ τῶν ὅπλων καὶ πορεύονται καὶ ἀνακλίνονται.

5 Fast derselbe Wortlaut bei Theodor col. 221 D: Οὐ τὰ στοιχεῖα
λέγων συγχεῖσθαι καὶ μετατίθεσθαι, ἀλλ' ἐπειδὴ τοῖς ἐν κακοῖς ἐξεταζο-
μένοις ἴδιόν ἐστι .... δοκεῖ δὲ τοῖς (ἐν τῇ γῇ) τοιαῦτα πάσχουσιν...... καὶ
ὁ οὐρανὸς σαλεύεσθαι καὶ ὁ ἥλιος. ... μηκέτι φαίνειν. — Auch Barhebr. pag. 9, Zeile 17 sachlich dasselbe.

6 Sachlich ebenso Barhebraeus pag. 9, Zeile 18 f.

Beihefte z. ZATW. VI.

Tempus gesagt ist.[1] Aber es ist auch möglich, dass es ohne Vertauschung des Tempus gesagt wurde. (Etwa also:)[2] Obgleich ich gesagt habe, dass ihr dieses thun müsst, so weiss ich doch, dass ihr wahre Busse nicht annehmt, bis ihr in die Gefangenschaft geführt werdet. Und in der Gefangenschaft, wenn ihr euch habt strafen lassen und wegen eurer Sünden Busse gethan habt, dann eifert Gott und bringt euch zu eurem Lande zurück. Und bei solchem (sichern) Vorherwissen (ist die Sache so), als hätte er sich schon längst über sein Land und sein Volk erbarmt. Ḥanânâ: Wenn ihr euch so (wie v. 17 angiebt) in Busse demütigt, eifert auch Gott für sein Land und treibt aus ihm die Unfruchtbarkeit und Feindesmacht hinaus.

II, 20: „Und den Nordländer will ich hinwegtreiben" sei er Assyrer oder Babylonier. Und es wird die Frage aufgeworfen, wie er (Gott), da doch Babel in seiner Lage nicht nördlich von Jerusalem gelegen ist, durch die Propheten sagen konnte: „den Nordländer will ich hinwegtreiben" und „von Norden soll das Unheil über dieses Volk losbrechen" (Jer. 1, 14?). Und wir sagen erstens: Nicht von der Lage Babels und Jerusalems ist das gesagt, sondern von den nördlichen Völkern, die den Babyloniern unterworfen waren, Arzenäer und Ardetäer etc., welche mit den Babyloniern gegen Jerusalem hinaufzogen. Zweitens: Weil diejenigen, die von den Orten Babels und Persiens und des Ostens nach Jerusalem ziehen wollen, (zuerst) in der Richtung nach Nord(westen) hinaufsteigen und dann in südlicher Richtung nach Jerusalem ziehen. Dass Babel nämlich seiner Lage nach östlich von Jerusalem ist, lehrt uns das Evangelium: Es kamen die Magier vom Osten (Matth. 2, 1). Es wird nämlich überliefert, dass diese aus der Gegend von Babel kamen: „Das Antlitz Gottes nach dem ersten Meere" d. h. gegen das Königreich der

---

1 So I, dagegen L .

2 Im und L , für .

3 So L, dagegen I hat die Worte von bis hierher von erster Hand am Rande, weil er sie im Texte per hom. ausliess.

4 So I und L, dagegen Lee lässt ; aus.

---

1 Fast wörtlich so Theodor col. 225 C: ἐνήλλακται δὲ ὁ χρόνος κατὰ τὸ ἑβραϊκὸν ἰδίωμα.

2 Diese zweite Erklärung sachlich ebenso bei Barhebraeus pag. 9, Zeile 19 f.

Assyrer, welches er durch die Babylonier zerstört. Mit dem „späteren Meere" meint er die Babylonier, die er durch die Meder vernichtet. Und durch die Perser bereitet er seinem Volke die Heimkehr.[1]

II, 28: „Ich will meinen Geist ausgiessen über alles (Fleisch) etc." spricht er zunächst in Beziehung auf Hesekiel und Daniel und Haggai und Sacharja und die übrigen Propheten, die nicht verzeichnet sind. Und auch: „Eure Töchter sollen singen und respondieren mit Freuden etc." d. h. ich will euch kund thun meinen Eifer und will ausgiessen über euch reichlich, damit mein Geist unter euch bleibend sei. Und jenes „Mein Geist soll nicht im Menschen ewiglich wohnen" (Gen. 6, 3) Ihre Wahrheit aber erhielten (diese Worte) durch den Messias und die Apostel und die Propheten und die Gläubigen, die mit dem Geiste erfüllt wurden, und durch die Töchter des Philippus etc., wie Petrus bezeugt, indem er die Juden belehrt: „Das ist's, was durch (den Propheten) Joel gesagt ist etc." (Act. 2, 16).[2]

II, 31: „Die Sonne wird sich in Finsternis verwandeln und der Mond". Das sagt er nach der Meinung derer, die in Bedrängnisse hineingeworfen sind.

Cap. III.

III, 2: „Ich werde sie ins Thal Josaphat hinabführen" (redet) nicht davon, dass er (Gott) sammelt und hinabführt, sondern davon, dass er zulässt, dass sie ihren Vorsatz zur That hinausführen.[3] Er redet nämlich über jene Völker, deren Haupt das Haus Gog ist.[4] „In's Thal Josaphat" d. h. ins Thal des Gerichtes. Josaphat nämlich wird als Gericht und Entscheidung ausgelegt.

---

[1] Sachlich und zum Teil wörtlich dasselbe Barhebr. pag. 9, Zeile 21 f.

---

¹ Damit kann nicht die Pešittô zu Joel 2, 28 gemeint sein.
² So I, dagegen L .
³ So I und L, dagegen Lee .
⁴ So I und L, dagegen Lee .

---

² Diese Erklärung des 28. Verses findet sich nur noch bei Barhebraeus pag. 9, Z. 24—27 und zwar nicht nur in sachlicher, sondern
zum Teil auch in wörtlicher Übereinstimmung.

3 Sachlich ebenso Theodor col. 233 D: Τοῦτο βουλόμενος εἰπεῖν, ὅτι
εἴασα αὐτοὺς τῇ μοχθηρᾷ ἑαυτῶν χρήσασθαι γνώμῃ καὶ ὁρμῆσαι κατὰ
τῆς Ἱερουσαλήμ.

4 Anklingend an Theodor, woselbst wir col. 236 A lesen: Ταῦτα
τῶν περὶ τὸν Γὼγ ἕνεκεν εἰρηκώς.

III, 10: „Brechet (schmiedet) eure Pflugschaaren um (zu Schwertern)" d. h. Verwandelt eure Ackergeräte in Kriegsgeräte,[1] — deshalb weil sie, als sie aus der Gefangenschaft heimkehrten, arm waren. Es waren aber reich die vom Hause Gog.[2]

III, 14: „Thal der Entscheidungen" nennt er das Thal Josaphat, wegen der Gerichtsentscheidung, die über das Haus Gog darin stattfinden sollte.[3]

III, 13: „Geht hinein, zertretet" d. h. die Scythen, die zum Hause Gog gehören.

III, 18: „(Es werden triefen) die Berge von Süssigkeit", denn wenn es viel regnet, lassen die Berge hervorsprossen und es giebt viel Honig etc. „Eine Quelle vom Hause des Herrn soll ausgehen etc." d. h. die Versöhnung und Belehrung wie eine Quelle, die durch die Priester herabfliesst und sich ergiesst über alle Bewohner der Stadt.

III, ?: „Sie werden die Stadt . . . . in Besitz nehmen" d. h. die Edomiter.

Zu Ende ist die Auslegung des Joel.

Ferner die Auslegung der Prophetie des Propheten Jona.

(Hierzu sind verglichen die Kommentare von Theodor, Theodoret, Cyrill, Ephraem, Gregorius Barhebraeus, ausserdem Ephraems Aussagen über 1 reg. 17 und 2 reg. 14 und seine Rede über Jon. 3, 2 f.).

Das, was Jona begegnete, ist ein Typus und Siegel aller Typen, die im Gesetz sind und derer, die durch Christus erfüllt werden sollten, zur Darlegung dessen, dass der Heilsverwalter des alten und neuen (Testamentes) einer

---

[1] Derselbe Wortlaut bei Theodor col. 237 A: Τὰ τῆς γεωργίας ὄργανα εἰς ὅπλων μετάθετε χρῆσιν.

[2] Auch Barhebraeus pag. 10, Zeile 4 deutet auf Gog (und Magog).

 fol. 215a
 fol. 218b, 16
1 So L, dagegen I für .
2 So I, dagegen L '.
3 Dies steht weder in I, noch in L, ist also von mir ergänzt.
4 So I, dagegen L hat dies Wort überklebt.
5 So I und L, dagegen bei Lee ist diese Stelle überhaupt nicht
zu finden.

3 Fast bis auf den Wortlaut, so bei Theodor col. 237 D: Κοιλάδα
γὰρ δίκης τὴν τοῦ Ἰωσαφὰτ ἐκάλεσεν, ἀπὸ τῆς τιμωρίας τῆς αὐτόθι
μελλούσης ἐπάγεσθαι ἐκείνοις παρὰ τοῦ θεοῦ.

und derselbe und dass ihr Walten ein Ziel im Auge hat.[1]
Denn während alle Propheten inmitten des Volkes Israel
geweissagt haben, wird er allein beauftragt, in die Heidenwelt zu gehen. Es deutete aber (dieser) sein Hingang zum
ersten darauf hin, dass die Heiden künftig Hausgenossen
der Gottesverehrung sein sollten auf Grund der Lehre dessen,
der vom Grabe auferstand nach dreien Tagen, worauf die
Thatsache typisch hinweist, dass Jona drei Tage im Leibe
des Meerungeheuers war. Zweitens aber belehrt es über
die Frechheit der Juden, die darin zum Ausdruck kam, dass
während sie ihre Propheten verfolgen, die Heiden sie mit
Freuden und mit Furcht aufnehmen, wie die Assyrer sich
von dem gesandten und nicht von Wunderzeichen begleiteten
Worte des Jonas überreden liessen. Zugleich aber wollen wir
die Verwerfung der Juden aus der göttlichen Hausgenossen-
schaft darlegen: also auch der Prophet, da er merkte, dass ein
Zeichen in seiner Sendung zur Heidenwelt verborgen sei,
floh, damit er nicht der Herbeiführer und Durchführer dieser
Dinge wäre. Nicht, als ob er gedacht hätte, Gott wäre
nicht überall,[2] sondern nach dem Glauben der Juden dachte
er: Auch wenn (Gott) wesentlich in allem (überall) ist, so
ist doch seine Wirksamkeit nicht überall, sondern allein im
Lande der Verheissung enthüllt er sich und zeigt seine
Offenbarungen. Also wurde er ergriffen dort, wo, wie er
glaubte, eine Gottesoffenbarung nicht stattfinde.[3]

I, 1: Nach der Überlieferung der Griechen und des
Mâr Ephraim[4] war Jona der Sohn jener Witwe von Zarpat,
den Elias (von den Toten) erweckte (1 reg. 17, 22). Elias
nämlich, als er Ahabs wegen die Hungersnot über das Land
verkündigt hatte,[5] floh und kam nach Zarpat und fand die

---

[1] Fast wörtlich so Theodor, col. 317 C: Εἷς καὶ αὐτὸς τῆς τε πα-
λαιᾶς καὶ νέας διαθήκης ὑπάρχων θεός..... πρὸς ἕνα σκοπὸν ὁρῶν.

ܟܪܦ ܕܡܢ ܡܠܘܗܝ ܢܬܬܪ ܚܝܐ ܟܡܐ ܐܠܒܚܡܐ. ܗܘ ܟܠܣܪ̈ܙܡܘܢ
ܡܠܐܦܝ ܠܟܡܣܝܗ ܠܠܚܡܐ ܚܩܕܡܐ. ܡܚܝܡܐ ܗܘܐ ܠܗܐ ܕܝ ܡܪ̈ܒܠܟܐܗ
ܣܝܐ ܦܝ ܕܚܠܡܝܢ ܐܠܗ ܚܡܩܩܐ ܠܚܝܪ̈ܘܦܐ ܨܡܐܢܐ ܕ̇ܙܦܣܠܟ ܐܠܘܐ
ܚܡܠܐܢܠܘܐܗ ܕܗܘ ܕܡܢ ܡܚܙܐ ܚܠܐܙ ܠܠܚܡܐ ܣܘܚܢܝ. ܕ̇ܠܘܩܣܘ
ܐܠܐܘܗܝܢ ܗܘܬܣ̈ܗ ܕܡܒ ܠܠܚܠܒ ܣܩܡܐ ܚܡܙܗ ܡܠܗܘܗ. ܕ̇ܐܘܠܡ
ܕ̇ܝ. ܕܠܣܘܒܝܕ ܚܠܐ ܚܕܝܣܘܐܠ ܕ̇ܣܘܘܙܢܠ. ܕܡܝ ܗܘܣܝ ܕ̇ܙܦܝ
ܠܚܬܣܘܘܗܝ. ܚܡܩܩܐ ܚܣܪ̈ܘܐܠ ܘܕܒܝܣܠܟܐ ܡܡܚܠܝ ܠܘܘܗܝ. ܐܡܪ
ܕ̇ܐܠܐܗܣܘܗ ܐܐܘܙܠ ܚܡܚܠܐ ܡܡܠܣܟܐ ܘܚܙܠܝܠܟܝܗ ܡܝ ܐܩܙܠܐ
ܕ̇ܣܘܝ. ܐܡܣܝ ܕܝ ܠܣܘܙܝܕ ܚܠܐ ܡܡܚܠܐܚܣܠܘܗܝ ܕ̇ܣܘܘܙܢܠ. ܕ̇ܡܝ
ܚܡܠܣܗܐܠ ܐܠܘܡܠܐ. ܕܚܝ̈ܚܝܗ ܐܦ ܗܘܗ ܢܚܡܐ. ܐܡܝ ܦܝ ܕ̇ܐ̇ܝܝܣܗ.
ܕ̇ܚܪ̈ܝܡ ܐܠܐ ܡܣܡܐ ܚܡܚܠܐܕ̇ܪܐܠܐܗ ܕ̇ܠܚܡܐ ܚܡܩܩܐ. ܚܙ̈ܒ ܡܝ
ܕ̇ܗܘܗܙ ܡܚܙ̈ܢܠܐ ܡܡܚܣܡܠܐ ܕ̇ܘܚܝ. ܠܟ ܐܡܝ ܦܝ ܕ̇ܚܠܗܣ̈ܘܗܝ ܐܠܘܐ
ܚܡܠܐ ܕ̇ܡܝ ܐ̇ܢܠ ܗܘܐܠ. ܐܠܐ ܐܡܝ ܡܡܚܙܢܚܐܠܐ ܕ̇ܣܘܘܙܢܠ ܐ̇ܢܠ ܗܘܐܠ.

---

2 Diese letzten beiden Sätze bietet mit deutlichen Wortanklängen, wenn auch in anderer Reihenfolge, Barhebr. pag. 13, Z. 11—13.

3 Sachlich dasselbe Theodor col. 332 A.

4 Weder in Ephraems Kommentar zu Jona (Lamy, Ephraemi hymni et sermones Tom. II col. 229 ff.) noch in seiner Auslegung zu 2 reg. 14, 23 (Opera omnia, Tom. I, pag. 551) noch auch in seiner Rede über Jona 3, 2 f. (Op. omn. Tom. II, pag. 377 C) steht davon etwas geschrieben. Um so auffallender, dass Barhebr. pag. 13, Z. 6 f. ebenfalls unter Berufung auf Mâr Ephraem dasselbe berichtet. Auch das könnte dafür sprechen, dass er Išô'dâdh in irgend einer Form vor sich hatte.

5 Von hier an bis ✳ findet sich der Bericht fast wörtlich in der Unterschrift zum Propheten Jona im Codex Syro-Hexaplaris Ambrosianus (Ceriani, Milano 1874) fol. 106 r. rechts. Doch steht für das ܕ̇ܝܣܣܘܗ bei Išô'dâdh ܕ̇ܪܣܘܣܗ ܠܠܗ ܕ̇ܪܣܘܐܠ. Verkürzt ist der Bericht wiedergegeben von Barhebraeus pag. 13, Zeile 6 f.

Witwe und ihren Sohn Jona, den kleinen Knaben. Denn nicht wohnte Jona bei den Unbeschnittenen. Und als Jona gestorben war, machte er (Elias) ihn wieder lebendig. Gott wollte nämlich ihn lebendig machen, dass er es nicht vermöchte, von Gott weg zu fliehen. Und nach der Hungersnot kam er (Jona) nach Juda. Und als seine Mutter gestorben war, begrub er sie bei der Deboraeiche. * Und er (selbst) hat drei Mal den Tod geschmeckt. Zum ersten Male auf (Gottes) besondere Veranlassung, zum zweiten Male typisch, zum dritten Male wirklich.

I, 2: Er ging aber nach Ninive im zweiten Jahre des Ussia,[1] des Königs von Juda, als Sardanapal König von Ninive und Babel war.[2] Es führte aber Arbaq, der Meder, später mit Sardanapal Krieg. Und als (dieser) von Arbaq besiegt war, verbrannte er sich im Feuer. Arbaq aber war 28 Jahre König. Und darnach ward Pul, der Sohn des Sardanapal, König und zerstörte das Reich der Meder und zog gegen Samaria und nahm von Menahem, dem Könige Israels, 1000 Silbertalente. Und er kehrte wieder zurück nach Babel. Und auf Pul folgte im Königtum Tiglathpilesar.

I, 3: Von Tarsis, wohin Jona zu fliehen trachtete, sagen einige wegen der Ähnlichkeit der Aussprache, dass es Tarsus sei.[3] Und es soll dies wiederum daher deutlich sein, dass gesagt ist: „Er fand ein Schiff, das nach Tarsis fuhr". Aber es ist nicht wahrscheinlich, dass das Tarsus ist, weil Tarsus nicht sehr weit von Jerusalem ist. Und über Tarsis ist im Königsbuche (1 reg. 10, 22) geschrieben, dass „das Schiff alle drei Jahre nur einmal von Tarsis Elephanten und Affen brachte" und (1 reg. 22, 49): „Josaphat hatte Tarsisschiffe bauen lassen, dass sie nach Ophir fahren sollten, um Gold (zu holen), aber er fuhr nicht". Also ist (die

[1] Dieselbe Zeitangabe findet sich sonst nur bei Barhebr. pag. 13, 2f.

fol. 219a
---

1 F und L lesen .

2 Diese und die folgenden chronolog. Angaben sind selbstverständlich sinnlos. Aber woher stammen sie?

3 Wörtlich so Theodor col. 329 C: Θαρσεῖς δὲ οἱ μὲν ἔφασαν λέγεσθαι τὴν Ταρσόν, ἀπὸ τῆς κατὰ τὴν ἐκφώνησιν ἐγγύτητος.

Auffassung) des Auslegers (Theodor) richtig[1], dass es eine Stadt, deren Name Tarsis ist, am Meeresufer nicht giebt, dass es vielmehr Sprachgebrauch der heiligen Schrift ist, alle Städte, die am Meeresufer liegen, Tarsis zu nennen, cfr. (Psalm 48, 7:) „durch starken Wind sollen die Tarsisschiffe gebrochen werden, d. h. die der Städte am Meeresufer, die da Schiffe zur Seite haben.

I, 5: „Jona stieg in den untersten Schiffsraum und schlief". Nicht nachdem der Sturm (sich erhoben hatte). Denn das wäre lächerlich, wenn er, während ein derartiger Sturm auf dem Meere stattfindet, sich dem Schlafe hingeben wollte. Vielmehr that er es unmittelbar nachdem er das Schiff aus Angst betreten hatte.[2]

I, 7: Aus „den Loosen, die sie werfen" geht hervor, dass nicht auf dem ganzen Meere Sturm war, sondern nur um jenes Schiff herum,[3] indem die übrigen Schiffe ruhig dahinfuhren.

I, 10: Und man erhebt die Frage, woher sie wussten, dass er vom Herrn hinweggeflohen war. Aber es ist klar, dass Jona (es) ihnen gesagt hatte, wie ja auch der Hebräer und der Grieche also sagen: „Denn es wussten jene

---

[1] Von hier an fast derselbe Wortlaut bei Theodor, col. 329 C: Ταρσὸς μὲν γὰρ παραθαλασσία πόλις οὐκ ἔστιν, τὴν δὲ προσηγορίαν ταύτην εἰς δήλωσιν παραθαλασσίων πόλεων εἴωθεν ἡ θεία λέγειν Γραφὴ ὡς παρὰ τῷ μακαρίῳ Δαυῒδ τὸ· Ἐν πνεύματι βιαίῳ συντρίψεις πλοῖα Θαρσεῖς· ὅπερ οὖν ἐπὶ μὲν τῆς παραθαλασσίου πόλεως καὶ παρ' αὐτὴν ἐχούσης ἑστῶτα τὰ πλοῖα λέγεσθαι δυνατόν.

[2] Diese ganze Erklärung von I, 5 fast wörtlich bei Theodor, col. 332 D: Οὐχ ὅτι μετὰ τὸ ἐκεῖνα γενέσθαι εἰς τὸ πλοῖον κατελθὼν ἐκάθευδεν· γελοῖον γὰρ εἰ ταραχῆς τοσαύτης γενομένης ...... εἰς ὕπνον ἑαυτὸν ἐκεῖνος ἐδίδου· Ἀλλὰ γὰρ τοῦτο μὲν εὐθὺς ἐπιβὰς πεποίηκε τοῦ πλοίου.

[3] Bis hierher derselbe Wortlaut bei Theodor, col. 333 B: Τοῦτο δὲ ἐδήλου μὴ κοινὸν κατὰ πάσης θαλάσσης εἶναι τὸν χειμῶνα, ἀλλὰ περὶ αὐτό γε μόνον τὸ πλοῖον ..... Sachlich ebenso Ephraem, cfr. Lamy col. 231.

محدز فهلا امحر لمحلاهلحمز. لاأعسف رب رحجا سوب
لمحجدزه لحلافى. اأعتى فى افحنم اسر زمع زمحعاره زمعها
زوب ريب لمزههممه. مبرجحا حكم لاهت مع رفب زأمحبزأ زأمحس
الاها زحلال حلازعسف. الكا لل زمحا زلمزههممه بوب. حوفب
زلمزههممه لحه همى زسبعا بح اهزمحكر. محلا لاأعسف امحز
حممحز محلاقا. زسبزأ حلاححلا عتي المل ممعسلازأ مع لازعسف
ولهلحسبز هتلا ممقها هزرمحز. مسمعمعهي لحكم حدح الاقا
لحلازعسف لحصاربلا للزوهحز حلا زوحخا هلا اربلا. مبب فزبزأ
رفب زمحعممما زمحبسلمزأ لحكم زمحعدن لازعسف حممحتب معا
حلمحا. الكا حمكحوب محبتلمزأ زحممحتب معا محح محلاحا
لحبحمحز حبحم لازعسف. اسر رفب زحزوحسا لحكم حمسلمزأ بحلماحتي
الاقا زلازعسف. ماربحل زمحبتلمزأ زحممحتب معا زقتنى الاقا
حلا حدوب. رفب زحوب نبحلا للمحلازف زلحلها هزرمحز. حه
حمحز مسمعهلا. لحهمسمحلا حبمز عممحا. لى مب مسمحعا زأسر
هوبا حسمحا اسلا. بوه نبحلا نعمحه حمسلمزأ. الكا حجبرف حدوهزأ
مسبزأ زمحهحم الحلاها مع حمحدزه. مع فزرا حبمز زأهمحبف ببحخا
زحه حمحدزه معا هوزأ مسمعهلا. الكا حلا حبت رفب الاها

---

1 So I und L, dagegen Lee fügt hinzu محممعا وزرمحا.
2 So I und L, dagegen Lee حلمزعمحه.
3 So I und Lee, dagegen L mit Sĕyâmê.
4 So I, dagegen L حبحدوب.
5 So I und L, dagegen Lee fügt hinzu حكه.
6 So d. h. mit dem griech. Text übereinstimmend I, dagegen L
لحبمحسبزأ.

Leute, dass er vor dem Herrn geflohen war, dieweil er(s) ihnen kund gethan".

I, 16: „Sie brachten dem Herrn Schlachtopfer und gelobten". Nicht sofort und mitten auf dem Meere brachten sie Schlachtopfer, sondern sie gelobten und versprachen: dass sie nicht wieder die Götzen, sondern Gott, den Herrn des Meeres und des Trocknen anbeten wollten.[1]

Cap. II.

II, 1: Jona aber schwamm lange Zeit über dem Wasser. Und dann befahl Gott dem grossen Fische, dass er ihn verschlänge.[2] So sehr gab ihm Gott weiten Raum im Leibe des Fisches, dass er darin aufstand und sich umdrehte und betete. Man überliefert nämlich, dass dieser Fisch ein Meerungeheuer war.

II, 3: „Aus dem Schosse der Unterwelt etc." ist eine Weissagung,[3] da er ja noch im Leibe (des Fisches) war, als er betete. Und da er wusste, dass er (Gott) ihn herausführen werde, sprach er: „Obgleich ich noch im Leibe des Fisches bin, wie in der Tiefe der Unterwelt — ich rief dich und du hörtest mich".

II, 7: „Du führtest mein Leben heraus etc." und „Es kam mein Gebet vor dich". Der Grieche sagt: „Es wird mein Leben aus dem Verderben heraufsteigen" und „Es wird mein Gebet vor dich kommen".

II, 7: „Zu den Gründen der Berge bin ich hinabgefahren" d. h. ich bin verborgen zwischen den Bergen im Meer und wie einer, der von den Bergen verschlungen wird. Und es kommen die Berge und häufen sich über ihm,

---

[1] Diese ganze Erklärung von I, 16 lesen wir sachlich ebenso bei Theodor col. 336 C.

[2] Fast wörtlich so Theodor, col. 336 D: Ὁ μὲν οὖν Ἰωνᾶς ἐπὶ πλεῖστον ἐπὶ τῆς θαλάσσης ἐφέρετο· προσέταξε δὲ ὁ θεὸς κήτει μεγάλῳ ἐπὶ τῆς θαλάσσης φερόμενον καταπιεῖν τὸν Ἰωνᾶν.

fol. 219b
---

[1] So I und L, dagegen Syr. hex. (Ceriani l. c.):
[2] So L, dagegen I .

[3] So L, dagegen I schickt vorher.

[4] So L, dagegen I .

[5] So L, dagegen I lässt dies Wort ausfallen.

[6] So I und L, dagegen Syr. hex. .

---

[3] Sachlich dasselbe, Theodor col. 337 D: Τὰ μὲν δὴ τῆς εὐχῆς τοῦ
προφήτου ῥήματα ταῦτα und Ephraem (Lamy col. 235):

indem dass er gleichsam in drei Gräbern verborgen war: Im Herzen des Meeres, in den Gründen der Berge und im Leibe des Meerungeheuers.

Cap. III.

III, 1: Und man erhebt die Frage: Wo spie der Fisch den Jona aus und wie ging er nach Ninive? Einige (sagen): Die Tiefe ist unter der Erde. Und in ihr brachte der Fisch den Jonas herbei und spie ihn bei der Stadt Balad [1] aus. Und deshalb, so sagt man, ward sie Balad genannt, d. h. „er ist entronnen". Und es änderte sich ihr Name im Verlauf der Zeit wie Iṣṭakhr aus Esther und Beth Lephaṭ etc. [2] Andere: In jenem Meere von Šigar [3] hat er ihn ausgespieen. Andere: Er führte ihn im Meere bis Basra und von dort führte er ihn im Tigris nach Ninive und dort spie er ihn aus. Der Ausleger (Theodor) aber hat entschieden: Wo er ihn verschlungen hat, da hat er ihn auch ausgespieen. [4] Und nach der Überlieferung der Griechen: In der Nähe der Stadt Akko d. i. Ptolemais hat er ihn ausgespieen. — Und es ist bekannt, dass er ihn an dem Orte, wo er ihn verschlang, auch ausspie, aus der Schrift, die da sagt:

III, 2: „Es geschah das Wort des Herrn zu Jona zum zweiten Male: Auf, gehe nach Ninive". Nicht sagt sie nämlich „auf, gehe hinein nach Ninive", sondern „auf, geh". [5] Also ist jene Auffassung des Auslegers wahrer (als die der Andern).

III, 3: „Ninive war eine grosse Stadt vor Gott" d. h. infolge der göttlichen Fürsorge kam sie zu Ehren und zu einer Menge ihrer Bewohner. [6] „Ein Weg von drei Tagen" sagt nicht, dass die Länge der Stadt so gross war, sondern, wenn ein Mensch versuchte ganz um sie herumzugehen und auf allen ihren Plätzen zu predigen, so konnte

ܡܪܡܣܘ ܪܟܘܐܒ݂ [1] ܐܚܕ. ܘܠܐܡܚܕܪܘܗܝ ܠܗܘܐ̈ܝ ܒܢܟܐ. ܩ. ܐܠܢܗܟܐ
ܚܣܟ ܠܗܘܐ̈ܝ ܕܨܝܗ ܣܥܐ. ܘܐܢܘ ܐܣܐ ܕܡܚܐܚܚ ܚܝܗ ܠܗܘܐ̈ܝ.
ܘܐܟܠܝ ܠܗܘܐ̈ܝ ܡܦܥܝ ܠܚܠܐ ܡܢܗ. ܚܘܦ ܕܐܣܪ ܕܚܐܟܟܐ ܡܚܙ̈ܐ
ܡܣܥ ܒܘܐ. ܚܟܚܘ ܪܣܥܐ ܘܡܚܐܡܚܪܘܗܝ ܕܠܗܘܐ̈ܝ. ܘܚܡܪܡܗܘ
ܕܥܠܗܡܘܗ. ܘܡܚܐܚܚܐ ܘܐܣܐ ܚܡܚܕܘ ܒܘܢܐ ܠܚܡܘܝ ܘܐܣܝ ܐܪܒܐ
ܚܒܠܘܐ. ܐܢܬܝ ܕܐܘܗܣܡܐ ܠܚܡ ܐܡܐ ܠܐܣܐ ܐܚܠ. ܡܚܘ ܐܚܠܡܘ
ܒܘܐ ܠܚܡܘܝ ܘܝܗܣܡܘܗ ܚܚܡ ܡܝܥܠܟܐ. ܡܚܠܚܘܪܝ ܠܚܡ
ܠܐܡܙܝܐ ܚܠܝ ܩ. ܦܚܝ. ܘܠܐܣܚܟ [2] ܥܡܕܢ ܚܢܘ ܡܙ̈ܝ ܕܪܚܠܐ.
ܐܣܝ ܐܗܠܝܗܡܙ ܡܢ ܐܗܚܐܡܙ ܡܚܠ ܠܚܡܝ ܡܥܙ. ܐܣܛܢܐ. ܘܚܣܥܟܐ
ܘܦܝ ܕܚܝܙ ܚܡܣܡܘܗ. ܐܣܛܢܐ. ܘܐܣܝܪܘܙ ܕܐܣܝܪܘܙ ܚܣܥܐ ܚܪܡܐ ܠܚܪܙܘܐ.

---

[1] So I und L, dagegen Syr. hex. ܀ܠܠܗ ܕ; ܠܠܗܟܝ ܝܠܗܕ ܠܠܗܟܚ ܠܠܠܗ.

[2] So L, dagegen I ܟܠܠܝܕ;.

---

[1] Bekannter Ort am Tigris einige Meilen oberhalb Mosul, jetzt Eski Mauṣil = Alt-Mosul.

[2] Dass diese etymologischen Spielereien wertlos sind, braucht wohl kaum erwähnt zu werden.

[3] Einen Landsee von Šigar kenne ich allerdings nicht.

[4] Diese Äusserung Theodor's kann ich in seinem Kommentar nicht finden. Oder hat er sie in einer andern Schrift gethan? Barhebraeus pag. 13, Zeile 14 f. bietet fast denselben Wortlaut und da er dabei die unmittelbar vorher genannte Anschauung zurückweist, so wird sie wohl auch in seiner Vorlage kurz vorher angeführt gewesen sein.

[5] Diese letzten Worte, die ohne Frage Išô'dâdh's eigene Begründung der Theodorischen Ansicht wiedergeben, finden sich zum Teil wörtlich bei Barhebr. pag. 13, Zeile 16.

[6] Fast wörtlich so Theodor, col. 340 B: Λέγει δὲ ὅτι „ἡ πόλις ἦν μεγίστη τῷ θεῷ" ἵνα εἴπῃ ὅτι τῇ θείᾳ προνοίᾳ εἰς μέγεθος αὐξηθεῖσα.

er in drei Tagen ganz um sie herumgehen und wissen, wie gross sie war.[1]

III, 4: Der Grieche[2]: „Und er verkündigte und sprach: Noch drei Tage und Ninive wird zerstört sein". D. h. Als er eine Tagereise in ihr vollendet hatte, da fing er an, in ihr zu predigen.[3] Denn sie glaubten nicht einfach dem fremden Manne, der da predigte, sondern Zeichen waren erschienen zur Bestätigung seiner Predigt: Wirbelsturm und Erdbeben und Donner und Blitze.[4] Und als sie aufgehört hatten erkannten Jona und Ninive, dass sie bei Gott Gnade gefunden hätten und vor der Zerstörung ihrer Stadt bewahrt worden waren.

III, 9: „Vielleicht lenkt Gott ein". Siehe ihre Treue und ihr Vertrauen auf Gott! Obgleich der Prophet drohte und sein Wort nicht unter eine Bedingung stellte, so wagten sie und verzweifelten nicht, (indem sie sprachen:) „Vielleicht lenkt Gott ein und erbarmt sich über uns". Einige, zu denen der Ausleger[5] gehört, sagen: Mit der Drohung der Zerstörung der Stadt

---

[1] Fast derselbe Wortlaut bei Theodor, col. 340 B: Οὐχὶ τὸ μῆκος αὐτῆς τοσοῦτον εἶναι λέγων. ἀλλ' ὡς τοσούτων ἡμερῶν δεομένου τοῦ πᾶσαν αὐτὴν ἐκπεριελθεῖν τε ἐν κύκλῳ καὶ κατιδεῖν οἷα τίς ἐστιν βουλομένου σαφῶς. Sachlich ebenso Barhebraeus pag. 13, Zeile 17 f. und Ephraem, Lamy col. 233.

[2] Beachte, dass der Pešittô-Text hier gar nicht angeführt wird. Oder sollte er nur versehentlich vom Schreiber unserer Manuskripte ausgelassen sein? Hier lässt sich übrigens deutlich erkennen, dass Barhebraeus Išô'dâdh in irgend einer Form als Vorlage vor sich hatte, denn auch er bietet zunächst nur den Text des Griechen. Erst nachträglich stellt er den Pešittô-Text daneben und begründet die Korrektheit beider Versionen.

[3] Klingt an Theodor an cf. col. 340 C: (εἰσεληλυθὼς εἰς τὴν πόλιν ὁ προφήτης) ..... καὶ ὡσεὶ μίαν ἡμέραν πεποίηκε κηρύττων τε καὶ λέγων. Barhebr. pag. 13, Zeile 19 f. sachlich dasselbe.

[4] Nur Barhebraeus pag. 13, Zeile 25 f. bietet hier sachlich und zum Teil auch wörtlich dasselbe.

 fol. 220a

---

⁵ Theodor hat diese Auffassung nach Migne nicht vertreten, wohl aber die folgende, die Išô'dâdh als seine eigene angiebt.

fügte er ihnen auch die Hoffnung hinzu, dass sie, wenn sie Busse thun würden, gerettet werden würden. Aber das ist nicht wahrscheinlich. Vielmehr, daraus, dass die Niniviten zweifelnd sprachen: „Vielleicht lenkt Gott ein“ und daraus dass (IV, 1) „Jona betrübt war“, sintemal er von ihnen gleichsam als Lügner erfunden wurde, weil Gott, obgleich er (Jona) das Böse ihnen gedroht hatte, dennoch es ab- wandte und sich ihrer erbarmte[1],

Cap. IV.

IV, 2: und daraus, dass Jona zu Gott sprach: „Ich wusste von dir, dass du ein gnädiger Gott bist und das Böse abwendest“ oder wie der Grieche sagt, „das Böse bereust“, daraus geht hervor, dass Gott ihn bestimmt beauftragt hatte, dass er die Zerstörung der Stadt verkündigen sollte. Denn eine von den Ursachen seiner Flucht bestand darin, dass er wusste, dass, wenn Gott überhaupt die Stadt zerstören werde, seine Sendung und Predigt überflüssig sein werde. Und da es ihm für eine Kühnheit galt anzunehmen, dass (Gott) ihre Errettung nach der Busse hinzufügen werde, obgleich ihm (die Hoff- nung darauf) von Gott nicht abgeschnitten war, so nahm er seine Zuflucht zur Flucht, nachdem er mit diesen Er- wägungen Schiffbruch gelitten.

IV, 4: Denn mit jenem: „Bist du sehr betrübt?“ schalt er in beschämender Weise den Propheten,[2] dass er sich nicht über die Bussfertigen freute.

---

[1] So fast wörtlich Theodor col. 341 C: διεταράττετο γὰρ ὡς ἀπατεῶνος καὶ ψεύστου δόξαν μέλλων ἀποφέρεσθαι παρ' αὐτοῖς, ὅτι ὁ μὲν εἴσω τριῶν ἡμερῶν ἠπείλησεν ἔσεσθαι τὴν καταστροφήν· ἐγένετο δὲ οὐδέν.

[2] Wörtlich so Theodor col. 341 D: Ὁ μὲν οὖν θεὸς....... ἐντρεπτικῶς ἐπιτιμῶν τῷ προφήτῃ φησίν.

---

[1] So I und L, dagegen Lee lässt ausfallen.

[2] So I, dagegen L und Lee nur .

[3] So I und L, dagegen Lee lässt ausfallen.

[4] So I und L, dagegen Syr. hex. .

IV, 5: „Er ging nämlich und liess sich ausserhalb der Stadt nieder", wartend, ob er vielleicht irgend ein Zeichen sehen würde etwa den Sturz eines Teiles der Stadt oder den Fall ihrer Mauern.[1]

IV, 6: „Gott aber beorderte den Ricinus" wie auch das Meerungeheuer und er wuchs frisch und herrlich empor und gewährte Schatten. „Es freute 'sich" aber und jubelte „über ihn" Jona wie über eine grosse Sache. Seht also, wie er sich zur Einfalt hinneigte. Es verdross ihn nämlich sehr, dass die Worte seiner Prophezeiung nicht in Erfüllung gegangen waren.

Wiederum freute er sich sehr über das verächtliche Kraut.] Denn leicht bereit ist der kindische Verstand, sich schnell zum Verdruss und zur Freude zu wenden.[2] Denn es scheint, dass Gott ihm den Ricinus in seinen Augen sehr lieb machte, damit er ihn aus dem Gleichnis heraus betreffs der Niniviten überführen könnte, dass er sie mit Recht der Barmherzigkeit wert erachtete.

IV, 8: „Die Sonne stach auf sein Haupt und er ermattete und wünschte sich den Tod". Damit deutet er an, dass jene Hitze nicht etwas Gewöhnliches oder Zufälliges war, dass vielmehr Gott die Strahlen der Sonne dirigierte.[3] Indem er ihre Hitze über seinem Haupte nicht zerstreute, liess er schnell und mächtig ihre ganze Flammenglut los und stach ihn.

---

[1] Sachlich ebenso Ephraem, Lamy col. 243.

[2] Alles was bis hierher zu IV, 6 geschrieben steht, ist fast wörtliches Citat aus Cyrill. Es findet sich griechisch bei Migne Tom. 71 col. 636 A und syrisch im Codex Syro-hexaplaris l. c. fol. 105 v, untere Rand. Den letztgenannten Text sehe ich als Vorlage an.

[3] Sachlich und zum Teil wörtlich ebenso Theodor col. 344 B: δεικνὺς ὅτι οὐ κατὰ τὸ εἰωϑὸς οὐδὲ ὁ καύσων ἐγένετο ἀλλὰ προστάγματι ϑείῳ βαρυτάτην αὐτῷ τὴν φλόγα ἔπεμψεν.

 fol. 220b

ᵡ So I und L, dagegen Lee .

² So I und L, dagegen Lee schickt voraus.

3 So I und L, dagegen Lee .

IV, 11: „Die nicht wissen, zwischen ihrer Rechten
und Linken (zu unterscheiden)" d. h. kleine Kinder, die
noch nicht die Fähigkeit der Unterscheidung zwischen
dem Guten und Bösen empfangen haben, d. h. die rein
von Unrecht und von Sünde unbefleckt sind.[1] „Und
eine Menge Vieh", als welches auch würdig ist, mit den
kleinen Kindern bewahrt zu werden[2], dieweil es wie sie
von Unrecht rein ist.

Sehr bewundernswert ist das, was sich an Jona vollzog.
Während nämlich in jedem einzelnen von den Propheten
nur mystisch aufgeschrieben wurde, was sich durch das
Heilswalten unseres Erlösers in Zukunft erfüllen sollte, so
finden wir das bei Jona ganz klar nicht in Worten, sondern
in Geschichte. Wie auch unser Heiland gesagt hat: „Das
böse und ehebrecherische Geschlecht fordert ein Zeichen
und ein Zeichen etc." (Matth. 12, 39f). Denn dass Jona
unter den Niniviten nur eine Allegorie darstellt[3], von den-
jenigen Dingen, die in Zukunft kommen sollten, ist daher
offenbar, dass diejenigen, die hier durch sein Wort bekehrt
worden sind, nach kurzer Zeit Krieg mit Gott und mit
seinem Volk anfingen u. s. w. Als aber Jona von Ninive
zurückgekehrt war, nahm er (mit sich) seine Mutter und
wohnte in Tyrus der Heiden. Er sprach nämlich: So will
ich meine Schande wieder gut machen, dass ich die Un-
wahrheit über Ninive aussprach u. s. w.

---

[1] Sachlich und zum Teil wörtlich ebenso Theodor col. 344 D: Τοὺς
διὰ νηπιότητα οὐκ ἀκριβῆ τῶν πραγμάτων διάκρισιν ἔχοντας, οὐδὲ
ἐν ἁμαρτίαις ποτὲ ὡς γεγονότας.

---

1 I und L .

2 So I, dagegen bei L fehlen diese beiden letzten Worte.

3 So I, dagegen L für .

4 So I, dagegen L lässt die Worte von an bis hierher per hom. ausfallen.

---

2 Fast wörtlich so Theodor, col. 345 A: Ὡς ἂν καὶ τούτων ἀβλαβῶν φυλάττεσθαι ὀφειλόντων δικαίως.

3 Ist dieses „nur" in seinem vollen Ernste zu nehmen, also dass es die Geschichtlichkeit der Erzählung ausschliesst?

Die Auslegung von Sacharja IX—XIV.

(Hierzu sind verglichen die Commentare von Ephraem, Theodor, Theodoret, Cyrill, Barhebraeus)

Cap. IX.

IX, 1: „Über das Land Ḥedhrâkh" welches Ḥĕdhâraik bedeutet, d. h. ich empfing die Offenbarung auch über die Völker, die um euch herum wohnen, dass auch sie Gott dienen und Gaben und Opfer darbringen werden[1] wie ihr.

IX, 2: „Und Ḥemath, die davon begrenzt wird" d. h. auch sie wird begrenzt durch dieses Schöne des Damasceners, weil auch sie mit den übrigen Gotte unterworfen ist.

IX, 7: „Und Ekron" der Philister, auch sie zeichnet sich aus durch Gottesfurcht „wie ʿEbron", die Stadt des Stammes Juda.[2] Dieses ʿEbron ist Hebron. Der Hebräer und Grieche lesen nämlich für ʿEbron „Jebus".

IX, 9: „Siehe dein König" deutet zunächst auf Serubabel.[3] „Er reitet auf (einem Esel)" d. h. jetzt ist er aus der Gefangenschaft znrückgekehrt und nicht hat er Wagen und Reiter erworben, sondern Kraft hat er sich angeeignet.[4]

IX, 10: „Und er vernichtet die Wagen etc." Er redet aber vom Hause Gog,[5] das ja mit Wagen und Pferden ohne Zahl über Jerusalem kam. „Und er wird zerbrechen den Bogen" des Hauses Gog[6] „und er wird reden" d. h. er wird machen „Frieden mit den Völkern" d. h. mit den Stämmen.[7] Dies ist offenbar über Serubabel (gesagt).

---

[1] Anspielung an Theodor, col. 554 A: προσάξουσιν τῷ ϑεῷ ϑυσίας. Barhebr. pag. 23, Zeile 20 f. scheint Išôʿdâdhs Formulierung des Theodor vorauszusetzen.

[2] Sachlich und in seiner Art auch wörtlich so Barhebr. pag. 23, Zeile 21 f.

[3] Auch Barhebr. pag. 23, Zeile 25 deutet zunächst auf Serubabel.

Sacharja 9—14.

---

x So L, dagegen I .

2 Hierzu bieten I und L die Randglosse: .

3 So I und L, dagegen Lee 1.

4 So L, dagegen I und Syr. hex. .

5 So L, dagegen I lässt die Worte von bis hierher ausfallen.

6 So L, dagegen I .

---

4 Fast wörtlich so Theodor, col. 555 C: νῦν ἐκ τῆς αἰχμαλωσίας
παραγεγονὼς πολλῆς δὲ ἐπιλήψεται δυνάμεως διὰ τῆς θείας ῥοπῆς.

5 Sachlich ebenso Theodor, col. 561 B. Auch Barhebr. pag. 23,
Zeile 29 deutet zunächst auf Gog.

6 Wörtlich so Barhebr. pag. 24, Zeile 1.

7 Wörtlich so Barhebr. pag. 24, Zeile 2.

Die Wahrheit aber ward in dem Messias erfüllt.[1] „Vom Strome" des Euphrat[2] „bis zu den Enden des Landes" der Verheissung.[3]

IX, 11: „Auch du, Serubabel", will er sagen, machst durch das Blut des Hauses Gog, das du vergiessest, dein Königreich über das Volk fest wie durch einen Bund.[4] Und von hier „erlösest du auch jene" jetzt noch in der Gefangenschaft unter den Heiden „Gefangenen" und befreist sie. „Cisterne" nennt er die Leidenssumme der Gefangenschaft, die von allen Gütern beraubt war.[5]

IX, 12: „Festung" (nennt er) Jerusalem, welches durch göttliche Macht befestigt ward. „Gefangene" diejenigen, welche in Babel gefangen waren. „Und den einen Tag" den ihr Ängste ertrugt in der Gefangenschaft, „will ich euch mit zwei Tagen vergelten" durch Erquickung in Jerusalem.[6]

IX, 13 „Ich habe meinen Bogen gespannt über Juda", bedeutet „durch Juda" d. h. ich spanne (ihn), oder lasse (ihn) Juda und Ephraim straff gezogen halten und sie bringen das Haus Gog um. „Ich habe deine Söhne, o Zion, hingeworfen". „Ich habe hingeworfen" d. h. meinen Bogen, den ich mit Rache gespannt hatte d. h. ich werfe die Söhne Zions auf die Söhne der Griechen wie Pfeile und durch sie vernichte ich die Griechen.[7]

---

[1] Die beiden letzten Sätze wörtlich so bei Theodor, col. 556 C: ὅτι μὲν οὖν ταῦτα περὶ τοῦ Ζοροβάβελ ἐνταῦθα λέγεται, δῆλον und col. 557 C: ἀληθὴς δὲ ἡ φωνὴ πέφηνεν ἐπὶ τοῦ δεσπότου Χριστοῦ. Auch Barhebr. deutet zuerst auf Serubabel und das Haus Gog, dann auf den Messias; cfr. das sub ܐܟܘ Gesagte pag. 23, Zeile 26 mit dem sub ܐܟܢܐ Gesagten auf Zeile 29.

[2] Derselbe Wortlaut nur bei Barhebr. pag. 24, Zeile 2.

[3] Derselbe Wortlaut nur bei Barhebr. pag. 24, Zeile 3.

[4] Sachlich und zum Teil wörtlich wie Theodor, col. 561 B: Πολλῶν αἵματα ἐκχέας . . . . . . ὥσπερ τισὶ συνθήκαις βεβαιώσας ἑαυτῷ τὴν τοῦ λαοῦ βασιλείαν. Barhebr. pag. 24, Zeile 3 f. sachlich

 (fol. 229b) .
---

1 So I, dagegen L lässt ausfallen.

---

dasselbe, setzt aber wegen seiner ausdrücklichen Bezugnahme auf „das
Blut des Hauses Gog" Theodor in Išô'dâdh'scher Bearbeitung voraus.

5 Sachlich ebenso Theodor, col. 561 B.

6 Sachlich und zum Teil wörtlich dasselbe nur Barhebr. pag. 24,
Zeile 5 f.

7 Sachlich dasselbe Barhebr. pag. 24, Zeile 8.

IX, 15: „Und sie werden essen und die Steine unterjochen durch die Schleuder" d. h. sie werden sie leicht umbringen, wie ein Mensch, der in Hunger Brot verzehrt[1] und sie werden sie unterwerfen und überschütten mit Schleudersteinen.[2] „Und sie werden angefüllt wie ein Mischtrank etc." d. h. sie werden angefüllt mit der Strafe wie mit einem Mischtrank, der da trunken macht und berauscht. Und es wird herabfliessen und sich ergiessen ihr Blut und das Fett ihres Fleisches. „Wie die Ecke des Altars" die da fett wird vom Fett der Opfer. Und deshalb werden die Gefässe des Hauses Gottes beim Altar angefüllt mit Wein und Fett der Opfer, die mit reichlicher Hand dargebracht werden vom Volk und von den Heiden, die da auf den Spender des Sieges hören. Warum?

IX, 16: „Weil sie wie heilige Steine sind". Denn es giebt unter ihnen heilige Leute, die wie Steine auf der Erde liegen und durch Drangsale hin und her geworfen sind. Gott thut dies, indem er auch den Rest um ihretwillen erlöst.[3] Und es gleicht dies jenem Worte des Jeremias: „Es werden Steine der Heiligkeit an allen Strassenecken geworfen" (Thren. 4, 1).

Cap. X.

X, 4: „Von ihnen (kommt) der Eckstein und von ihnen (kommt) der Zeltpflock". Eckstein und Zeltpflock ist Serubabel. Aus dem Hause Juda stammt jener Serubabel[4], der wie ein Eckstein das Volk vor der Gewalt der Krieger schützt, und an den sich alle wie an einen fest

---

[1] Sachlich dasselbe Barhebr. pag. 24, Zeile 9.

[2] Diese zweite Hälfte der Auslegung passt nicht zum Pešitto-, wohl aber zum LXX-Text, wo in der That die Steine ein Mittel in der Hand der Söhne Zions sind.

---

1 So I und L, dagegen Syr. hex. nach westsyr. Orthographie ';
ausserdem beachte, dass I und L dazu am Rande bieten:
3 Anklingend an Theodor, col. 564 B: .... ἀρετῆς ἐπιμελο-
μένους, οἱ..... ἐπὶ τῆς γῆς ἕρπειν δοκοῦσιν.... Θεὸς δὲ δι' ἐκείνους
οὐδὲ τοὺς λοιποὺς περιόψεται. Barhebr. pag. 24, Zeile 11 sachlich
dasselbe.

4 Sachlich und zum Teil auch wörtlich so Theodor, col. 565 A:
ἐξ αὐτοῦ γάρ, λέγω δὴ τοῦ Ἰούδα, προεῖδον χρῆναι τὸν Ζοροβάβελ
προβληθῆναι.

eingeschlagenen Zeltpflock hängen. Und er führt die Kriegs-
leute zum Sieg.

Cap. XI.

XI, 2: „Es wehklage die Cypresse, dass die
Ceder gefallen ist". Die Cypresse sind die Schwachen,
die Ceder die Starken.[1] Der Grieche: „Es wehklage
die Ceder, denn die Fichte (oder Cypresse) ist gefallen". Von hier an wendet er sein Wort zu dem, was
zur Zeit der Makkabäer sich ereignete.[2]

XI, 5: „Weide die kleine Heerde". „Weide" d. h.
Weissage, dass diese Heerde von den gerechten Hirten verlassen sein wird, d. h. in den Tagen der Makkabäer, und
dass sie verraten sein wird von Seiten der Hirten, die sie
schlachten und zerstreuen. Der Hebräer liest: „die Getötete". Und auch in den alten Handschriften des Syrers
steht so geschrieben und muss so gelesen werden. Der
Grieche liest: „(Heerde) der Schlachtung" d. h. die
zu nichts als zur Tötung geeignet ist. „Ihre Käufer"
d. h. die Priester, die für Silber von den griechischen Königen
das Hohepriestertum kaufen.[3] „Die Verkäufer" (sind) die
griech. Könige.

XI, 7: „Und ich weidete die kleine" d. h. dürftige
„Heerde wegen der Versammlung der Heerde".
Und auch dies muss „getötet" heissen d. h. ich, der
Herr des verderbten Hirtenamtes, weide sie, weil sie alle
eine Versammlung geworden sind, die sich meinem Willen
nicht beugt und widersetzt. Mâr Ephraem: Ich weidete
sie und sorgte für sie wegen der kleinen Versammlung
heiliger Menschen in ihrer Mitte.[4] Der Hebräer liest für

---

[1] Sachlich ebenso Theodor, col. 568 B und C und Barhebr.
pag. 24, Zeile 13 f.
[2] Sachlich ebenso Theodor col. 569 B und C. Barhebr. pag. 24,

. fol. 230 a
---

1 So I und L, dagegen Lee .
2 Das ist also eine neue Lesart der Pešittô.
3 So I und L, dagegen Lee mit Sĕyâmê.
4 Auch dies eine neue Lesart der Pešittô.

Zeile 15 scheint Theodor in der von Išô'dâdh gegebenen Bearbeitung
vor sich gehabt zu haben.

3 Sachlich ebenso Ephraem (Oper. omn. Tom. II, pag. 302 C.)
Barhebr. pag. 24, Zeile 16 f. scheint Ephraem in der von Išô'dâdh ge-
schaffenen Form vor sich gehabt zu haben.

4 Hier ist Ephraem nur dem Sinne nach citiert, wörtlich schreibt
er Tom. II pag. 302 F: ....
. Barhebr. pag. 24, Zeile 17 giebt sachlich dieselbe Auffassung.

„Die Versammlung der Heerde" „Die Armen des Volkes". „Die zwei Stäbe" sind das Priestertum und Königtum[1] d. h. ich nehme sie durch Strafe. „Den Einen nannte ich den Süssen, den andern (den Verderber)" d. h. zu dem Zwecke sonderte ich sie aus d. h. der Eine sollte Süssigkeit spenden durch sein Priestertum, der Andere sollte das Land vor den Feinden bewahren und es verteilen und abmessen mit Messschnuren.[2] Zwei Stäbe (sind es), die Christus nahm, und mit denen er das Volk weidete, die Predigt des Evangeliums und die des Gesetzes.[3]

XI, 8: „Ich vernichtete die drei Hirten" d. h. ich liess zu, dass diese gerechten Hirten, die sie von Josua, dem Sohne Jozadaks (Hag. 1, 1) bis zu jener Zeit geweidet hatten, von gottlosen Priestern vernichtet wurden,[4] cfr. jenes: „die frommen Männer werden (eingesammelt)" (Jes. 57, 11) und jenes: „Vor dem Bösen wird der Gerechte eingesammelt" (Jes. 57, 1) d. h. sie starben von den Händen der Bösen, damit sie nicht der Prüfung anheimfielen in den Ängsten der Ewigkeit. „In einem Monate" meint die Zeit, so lang sie war. Und durch „drei" deutet er auf viele.[5] Er versucht nämlich zu sagen: „In kurzer Zeit werde ich aus ihrer Mitte diejenigen vernichten, die sie schön geweidet haben, und werde sie den wild erregten Hirten ausliefern wie sie's verdient haben. „In einem Monat" d. h. in kurzer Zeit, oder in dem Monat, in dem ich die Propheten vernichtete, vernichtete ich die Könige und Priester. „Meine Seele wurde ihrer überdrüssig" spricht er vom Volke. „Und auch ihre Seelen heulten gegen mich" d. h.

---

[1] Wörtlich so Barhebr. pag. 24, Zeile 18.
[2] Sachlich ebenso Barhebr. pag. 24, Zeile 20.
[3] Dieser letzte Satz, der einen unvermittelten Übergang zur allegorischen Schriftauslegung darstellt, ist aus Cyrill entnommen. Man

---

1 So L, dagegen I ,.
2 So L, dagegen I fügt hinzu .
3 I und L .

---

findet ihn griechisch bei Migne Tom. 72 col. 188 B, und syrisch im
Codex Syro-hexapl. l. c. fol. 112 r., am oberen Rande. Barhebraeus
pag. 24, Zeile 21—24 bietet sachlich dasselbe.

4 Die Vernichtung unter dem Gesichtspunkte der Zulassung findet
sich sachlich bei Theodor col. 573 B und Ephraem Tom. II,
pag. 303 A. Theodor l. c. zeigt ausserdem Wortanklänge in:
ἐπειδήπερ ἀπὸ Ἰησοῦ τοῦ Ἰωσεδὲκ μέχρις ἐκείνων τῶν καιρῶν ὑπὸ
ἀρχιερεῦσιν ἐποιμαίνοντο δοκίμοις.

5 Sachlich ebenso Theodor col. 573 A/B: Οὐδὲ ἐνταῦθα τὸ τρεῖς
ἀριθμὸν βούλεται λέγειν.

wie Hunde bellten[1] sie gegen mich, der ich ihr Herr bin,
und gegen die Priester, die von mir eingesetzt waren, sie
zu weiden. Der Grieche sagt für: „Sie heulten",
„Sie brüllten" d. h. ähnlich wie die wilden Tiere er-
streckten sie ihren Zorn auf mich, indem sie das, was sie
gegen die erwählten Priester thaten, gegen mich thaten,
vgl. jenes (Wort) bei Samuel: „Nicht dich haben sie verworfen, sondern mich" (1 Sam. 8, 7).[2]

XI, 10: „Dass aufhöre der Bund etc." d. h. die
Verheissungen, die ich oben versprochen habe, dass die
Heiden kommen sollen, Opfer darzubringen in meinem Hause.
Jenes: „dass aufhöre" sagt er nicht in Kausativform
(d. h. im Afel), sondern das meint er, dass es eintrrifft
infolge von Thaten.

XI, 11: „Und es erkannten die Niedrigen der
Heerde" d. h. die Makkabäer.[3] „Die mich beobacht(et)en"
d. h. in der Umgebung waren und darauf achteten, wann
Gott zur Verwirklichung führen werde, was er durch den
Propheten vorher bestimmt hatte.

XI, 12: „Und ich sprach zu ihnen" d. h. zu den
Makkabäern und zu den übrigen Vortrefflichen: „Wenn
es euch gefällig ist", meine Hausgenossen zu sein, indem ihr euch nicht euren Genossen gleichstellt, so bringt
mir dar die Früchte der Reinheit der Gesinnung, die ihr
mir schuldet[4], „als Lohn" des Sieges, den ich euch
über die griechischen Könige gab „oder verweigert
mir den Lohn", wie eure Genossen. Es ist nämlich
in eure Macht und in euren Willen gelegt, ich zwinge
euch nicht mit Gewalt. „Und sie wogen meinen
Lohn dar, dreissig Silbersekel". Mit „dreissig"
deutet er auf die Fülle der lauteren Gesinnung, die man

---

[1] Dasselbe Wort (ܚܢܝܛ) Barhebraeus pag. 24, Zeile 25.

---

[1] So I und L, dagegen Syr. hex: .
[2] So I und L, dagegen Lee .
[3] So I und L, dagegen Lee .
[4] So I, dagegen L .
[5] So I und L, dagegen Lee fügt hinzu.
[6] So I und L, dagegen Lee hat an Stelle der beiden letzten Worte
---

[2] Wörtlich so Theodor col. 573 D: Ἐπειδὴ κἀκεῖνοι δίκην
θηρίων κατ' ἐμοῦ τὸν θυμὸν αὐτῶν ἐξέτειναν· ἐπειδὴ ἅπερ εἰς τοὺς
δοκίμους ἔπραττον ἱερέας, εἰς ἐμὲ προδήλως ἐτόλμων. οἷόν ἐστι τὸ
πρὸς τὸν Σαμουήλ: οὐ σὲ ἐξουδενώκασιν, ἀλλ' ἐμέ.

[3] Dasselbe Wort () Barhebraeus, pag. 24, Zeile 27.

[4] Fast wörtlich so Barhebr. pag. 24, Zeile 27.

ihm darbrachte.[1] Und auch jenes: „Sie wogen dar"
deutet auf die Vortrefflichkeit des guten Willens, denn mit
der Wage wird die Vorzüglichkeit des Silbers geprüft.

XI, 13: „Ich warf sie in das Schatzhaus im Hause
des Herrn", indem dass auch der ganze Kampf, den sie
zu bestehen hatten, (dem galt,) dass der Tempel von den
Feinden nicht entweiht werde.[2]

XI, 14: „Ich brach" ich breche.

XI, 15: „Die Geräte des törichten Hirten"[3] d. h.
stelle in deiner Person den Typus des Zukünftigen dar.

XI, 17: „Dein rechter Arm möge verdorren
etc." d. h. weil ihr euch nicht bekümmert habt um die
Schwachen meiner Heerde[4], so sollt ihr an euren vorzüg-
lichsten Gliedern von mir Schaden leiden.

Cap. XII.

XII, 3: „Alle, die auf ihn treten, werden sich
ritzen" d. h. so gering und leicht werden sie den Krieg
mit ihm ansehen,[5] wie ein Mensch, der an den Wänden mit
Einkratzen spielt. Der Grieche hat für (diese Worte)[6]:
„Wer auf ihn tritt, der treibt einen Scherz".

XII, 7: „Damit sich nicht erhebe der Ruhm des
Hauses David etc." Nicht erhebt sich der Sieg der

---

[1] Wörtlich so Theodor, col. 577 A: Οὐκ ἀριθμὸν οὐδὲ ἐνταῦθα
λέγων τὰ τριάκοντα, ἀλλ' ἵνα εἴπῃ, ὅτι πολλήν μοι τὴν εὔνοιαν
ἀπέδωκαν.

[2] Fast wörtlich so Theodor, col. 577 B: εἰς τὸν οἶκον, ὑπὲρ οὗ
δὴ ἅπαντα τὸν ἀγῶνα ὑβριζομένου παρὰ τῶν πολεμίων εἶχον.

[3] Mit der hierher gehörigen Fussnote des Textes stimmt Mâr
Ephraem Tom. II, pag. 304 E überein: ܐܘܠ ܐܠ ܠܗܘܐ ܕܢܝ ܡܠܐܣܘܪ
ܐܠܪܦܣܡܠܘܣܘܡ.

[4] Sachlich dasselbe Barhebr. pag. 25, Zeile 3.

[5] Sachlich ebenso Barhebraeus, pag. 25, Zeile 4 f.; ausserdem
hat er wohl auch das Wort ܐܠܠܒܐ, von Išô'dâdh entlehnt.

[6] Beachte, dass hier im Text etwas ausgefallen sein muss.

 fol. 230b
---

[1] So L, dagegen I .

[2] So in Übereinstimmung mit dem griech. Theodor (πολλὴν) I,
dagegen L .

[3] Hierzu haben I und L am Rande:
 = unter dem thörichten Hirten verstehen die Alten den Anti-
christen.

[4] So I und L, dagegen Lee lässt dies Wort ausfallen.

[5] So I und L, dagegen Syr. hex. an Stelle der beiden letzten Worte:

Vorväter vom Hause David über diesen Ruhm, den in dieser Zeit die Makkabäer erringen.[1] Andere[2]: Nicht brüsten sich die Makkabäer, als hätten sie durch ihre eigne Kraft gesiegt, indem sie bekennen, dass Gott die Ursache ihres Sieges ist.

XII, 8: „Und es wird der Kranke unter ihnen sein wie David", der den Goliath tötete.[3] „Und das Haus Davids wie Gott und wie der Engel vor ihnen".

XII, 10: „Und sie werden auf mich blicken und werden um ihn trauern". Der Ausleger bezieht das (ܕܘܚܠ) auf jene Sünde des Volkes, um deren Willen sie dem Unheil hingegeben wurden. Sie weinten nämlich und heulten und trauerten über sich, dass sie in die grosse Sünde gefallen, um deretwillen sie in die Hände der Feinde gegeben waren.[4] Und wie der Speer war ihnen das Schwert, sie zu durchbohren auf jegliche Art der Bosheit. Mâr Ephraem aber und die übrigen Lehrer deuten auf Judas den Makkabäer, den die Römer[5] im Kriege durchbohrten und töteten. Und es zerriss sich und trauerte und litt und klagte um ihn das ganze Volk.[6] Andere: Von den Siegen in ihren Händen blicken sie alle auf mich in ungeteilter Liebe, indem sie vor Schmerz aufschreien über die gerechten Priester, welche sie in Bosheit durchbohrt und getötet haben, und sie bereuen es und sind betrübt über ihre Bosheit. Der Wortlaut des Auslegers[7] also: Dann soll jene feind-

---

[1] Sachlich ebenso Barhebraeus pag. 25, Zeile 6 f.

[2] Zu diesen gehört Mâr Ephraem, cfr. l. c. pag. 305 B: ܟܢ ܠ ܐܢܫܝܢ ܘܡܟܬ ܒܬ ܚܝܠ ܕܝܠܗܘܢ ܘܩܐ ܕ ܐܡܪ ܒܝܬ ܠܒܡ ܕܘ ܕ ܠܡܝܢ ܐ ܕܡܢ.

[3] Wörtlich so Mâr Ephraem l. c. pag. 305 D und Barhebraeus pag. 25, Zeile 7.

[4] Das ist allerdings nur die Wiedergabe des Sinnes von Theodor l. c. col. 584 B und C und man erwartet in der That (cfr. weiter unten den „Wortlaut des Auslegers".

[5] Ephraem hat ܪܘܡܝ (ܪܘܡܐ) für ܠܘܡܐܐ. Ein Schreiber indess das Letztere leicht für das Erstere schreiben, sich selbst, und zwar mit gutem Recht, Theodor.

Vorväter vom Hause David über diesen Ruhm, den in dieser Zeit die Makkabäer erringen.[1] Andere[2]: Nicht brüsten sich die Makkabäer, als hätten sie durch ihre eigne Kraft gesiegt, indem sie bekennen, dass Gott die Ursache ihres Sieges ist.

XII, 8: „Und es wird der Kranke unter ihnen sein wie David", der den Goliath tötete.[3] „Und das Haus Davids wie Gott und wie der Engel vor ihnen".

XII, 10: „Und sie werden auf mich blicken und werden um ihn trauern". Der Ausleger bezieht das (ܩܛܠܘܗܝ) auf jene Sünde des Volkes, um deren Willen sie dem Unheil hingegeben wurden. Sie weinten nämlich und heulten und trauerten über sich, dass sie in die grosse Sünde gefallen, um deretwillen sie in die Hände der Feinde gegeben waren.[4] Und wie der Speer war ihnen das Schwert, sie zu durchbohren auf jegliche Art der Bosheit. Mâr Ephraem aber und die übrigen Lehrer deuten auf Judas den Makkabäer, den die Römer[5] im Kriege durchbohrten und töteten. Und es zerriss sich und trauerte und litt und klagte um ihn das ganze Volk.[6] Andere: Von den Siegen in ihren Händen blicken sie alle auf mich in ungeteilter Liebe, indem sie vor Schmerz aufschreien über die gerechten Priester, welche sie in Bosheit durchbohrt und getötet haben, und sie bereuen es und sind betrübt über ihre Bosheit. Der Wortlaut des Auslegers[7] also: Dann soll jene feind-

---

[1] Sachlich ebenso Barhebraeus pag. 25, Zeile 6 f.

[2] Zu diesen gehört Mâr Ephraem, cfr. l. c. pag. 305[B: ܠܐ ܗܘܐ ܚܣܝܢܘܬܗܘܢ ܣܠܩܬ ܠܗܘܢ ܗܢܝܐ ܕ̣ ܐܠܐ ܚܒܝܠ ܡܚܡ ܘܪ̣ܗ.

[3] Wörtlich so Mâr Ephraem l. c. pag. 305 D und Barhebraeus pag. 25, Zeile 7.

[4] Das ist allerdings nur die Wiedergabe des Sinnes von Theodor l. c. col. 584 B und C und man erwartet in der That (cfr. weiter unten) den „Wortlaut des Auslegers".

[5] Ephraem hat ܪܘܡܝܐ (ܢܬܠ) für ܦܪܘܣܝ. Ein Späterer konnte indess das Letztere leicht für das Erstere schreiben, da die „Byzantiner" sich selbst, und zwar mit gutem Recht, Ῥωμαῖοι nannten.

---

[1] So L, dagegen I lässt per hom. die Worte von an bis hierher ausfallen.

[2] So I und L, dagegen Lee nur .

[3] So I und L, dagegen Lee .

---

[6] Sachlich ebenso Mâr Ephraem l. c. pag. 306 B und Barhebraeus
pag. 25, Zeile 8 f.

[7] Diese Stelle kann ich bei Theodor leider nicht finden. Doch be-
achte, dass zur Not auch „Sinn" heissen könnte.

selige Gesinnung, die sie gegen mich (hegen), erkannt werden. Die von Alters her ausserordentlich frech gegen mich handelten, die werden fühlen ihre Schande und Übertretung. Und reuig werden sie grosse Trauer veranstalten, weil sie die göttliche Hilfe, die ihnen zu teil wird, und die Stadt, der die alte Ordnung wiederkehrt, und das Gesetz und Priestertum sehen. Und notwendiger Weise bereuen sie in solcher Bekehrung, dass sie von Alters her in jene ganze Bosheit verfallen sind.

XII, 11: „Es wird der Trauer viel sein etc." d. h. über Judas, den Makkabäer, welches ein Gegenstück zu der Trauer ist, die um Josia stattfand, als er von Pharao dem Lahmen (2 reg. 23, 33) getötet war.[1] Und schön ist seine Vergleichung mit Josia, weil sie beide gerecht und eifrig waren und von den Händen heidnischer Könige getötet wurden. Der Hebräer liest: „Die Trauer des Hermon". Der Grieche: „Wie die Trauer um den Granatbaum, der in der Ebene abgeschnitten wird", d. h. es veranstalten die Kinder Israel eine Trauer, wenn sie von den Römern weggeführt werden, wie der Landmann trauert, wenn der Granatbaum abgeschnitten wird. Denn ein Baum ist dieser Liebliche und Schöne etc., besonders aber, wenn er Früchte trägt. Und von Natur hat er Majestät und Schönheit.[2]

Cap. XIII.

XIII, 1: „Es wird sein eine Quelle, die sich aufthut", deutet hin auf den Umschwung zum tugendhaften Leben, das man sich aneignet durch Jonathan, den Bruder des Judas Makkabäus,[3] welcher nach ihm auftritt, welcher

---

[1] Sachlich und zum Teil wörtlich dasselbe Ephraem l. c. pag. 306 C und Barhebraeus pag. 25, Zeile 10 f.

 fol. 231 a
---

[1] So I, dagegen L ملكة.

[2] I und L (sic) رحمة = des Römerreiches.

[3] So I, dagegen L ورحمحلا.

[4] I und L haben an Stelle der beiden letzten Worte: .

---

[2] Diese ganze Erklärung ist sinngemässes Citat aus Cyrill. Sie
findet · sich griechisch bei Migne l. c. col. 225 a und syrisch im Codex
Syro - hexapl. l. c. fol. 112 r. am unteren Rande. Nach dem letztgenannten Texte habe ich Išô'dâdh emendiert.

[3] Auch Ephraem (l. c. pag. 306 F) und Barhebraeus pag. 25, Zeile 12
deuten hier auf Jonathan, den Bruder des Judas Makkabäus.

XIV, 4: „Es wird sich spalten der Ölberg etc.“ d. h. Gott wird herabsteigen und hintreten auf den Berg und ihn erbeben machen, so dass es beiden Parteien infolge des oft wiederholten Erdbebens so vorkommt, als ob der Berg thatsächlich in zwei Hälften gespaltet wäre. Und er wird die Macedonier, die um ihn lagern, verwirren und vernichten und darnach die Hausgenossen erlösen.[1]

XIV, 5: „Und ihr werdet fliehen, wie ihr floht etc.“ Der Grieche: „Und es wird sich (wieder) schliessen die Spalte, die vor dem Erdbeben geschlossen war.“ Josephus[2] sagt: Als die Priester Ussia ermahnten, aus dem Tempel herauszugehen und sich nicht an Gott zu versündigen, ward er zornig und drohte ihnen den Tod an, wenn sie nicht schweigen würden. Inzwischen aber zerriss das Erdbeben den Erdboden und als der Tempel geborsten war, leuchtete ein heller Blitz auf und traf sein Antlitz und im selben Augenblicke war er voll von Aussatz. Vor der Stadt aber bei der sogenannten Spalte des Berges spaltete sich die westliche Hälfte desselben ab und, nachdem sie über vier Stadien in die Tiefe gefallen war, machte sie Halt bei dem östlichen Berge, so dass auch die Strassen und die königlichen Gärten zerstört wurden. — ⁕ Und jener Stier, der nach dem Vorbilde in der Wüste gemacht worden war, brüllte laut und es fand ein grosses Sterben unter dem Volke statt.[3]

„Und es wird eintreten der Herr, mein Gott u. s. w.“ d. h. er wird erscheinen zu unserer Hülfe, indem geführt werden von ihm die unsichtbaren Heerschaaren, die er „Heilige“ nennt.

---

[1] Sachlich ebenso, und zwar unter Nennung der Macedonier, Barhebraeus pag. 25, Zeile 19.

[2] Der ganze Passus bis ⁕ findet sich Josephus Antiquit. IX, § 10 Ende. Išô‘dâdh hat ihn fast wörtlich aus dem Codex Syro-hexpl. (l. c.

 fol. 231 b

---

[1] I und L .

[2] So I und L, dagegen Syr. hex. hat an Stelle der drei letzten Worte: .

[3] I und L .

[4] I und L (aber auch Cod. Syr. hex.) .

---

fol. 112 v. unterer Rand) genommen. Auch Barhebraeus pag. 25, Zeile 20 —22 citiert ihn in freier, abgekürzter Weise.

3 Dieser letzte Satz findet sich weder bei Josephus noch auch an der citierten Stelle im Codex syrohexaplaris.

von den auserwählten Priestern verkündigt werden: „Ein Teil davon gegen das (östliche) Meer u. s. w." d. h. sie (die Lehre) wird von dem Volke ausgegossen und hinübergetragen werden auch zu den Völkern im Osten und Westen.[1] „Sommer und Winter" d. h. beständig. Der Grieche (schreibt): „(Zu dem) ersten und letzten Meere", indem er das erste Meer die Leute von damals nennt, das letzte dagegen ihre Nachkommen,[2] d. h. nicht für jene allein, sondern auch für die Geschlechter, die nach ihnen kommen, passt sie.

XIV, 1: „Wiederum einen Bannfluch wird es nicht (mehr) geben" d. h. weder soll unter uns Bosheit erfunden werden, noch auch einer, der Gotte fremd ist, cfr.: „Jeder, der unsern Herrn nicht liebt, der sei verflucht" (1 Cor. 16,22).[3]

XIV, 10: „Von Gibea" das nördlich davon liegt, „bis Rimmon, das im Süden liegt."[4]

XIV, 12: „Folgendes wird die Plage sein, mit welcher der Herr schlagen wird u. s. w." spricht er vom Hause Gog.

XIV, 13: „Es wird sich heften die Hand des Einen an die Hand des Andern" d. h. so grosse Verwirrung wird sie ergreifen, dass jeder von ihnen nicht einmal prüft, ob er seine Hand gegen seinen Genossen ausstreckt, sondern meint, dass er sich einem Fremden naht.[5]

XIV, 14: „Auch Juda wird in Jerusalem gegen das Haus Gog kämpfen" durch jenen Serubabel aus dem Stamme Juda.[6]

XIV, 20: „Von dem Zaum der Rosse" deutet auf alle Waffenrüstungen, welche die Israeliten aus der

---

[1] Sachlich dasselbe Barhebr. pag. 25, Zeile 26.
[2] Fast wörtlich so Theodor, col. 592 B: θάλασσαν μὲν γὰρ πρώτην τοὺς τότε λέγει· ἐσχάτην δὲ τοὺς μετ' ἐκείνους.

---

[1] So L, dagegen I mit einem .
[2] So L, dagegen I .
[3] So L, dagegen I ' und Lee '.
[4] So I und L, dagegen Lee fügt hinzu.
[5] So I, dagegen L lässt dies Wort ausfallen.

---

3 Wörtlich so Theodor, col. 592 C: Οὐθεὶς ἔσται λοιπὸν ἐν τῷ
ἔθνει ἀσεβείᾳ χαίρων, οὐδὲ ἀπηλλοτριωμένος θεοῦ........ ὡς...... εἴ
τις οὐ φιλεῖ τὸν κύριον Ἰησοῦν Χριστόν, ἤτω ἀνάθεμα. Sachlich
dasselbe Barhebr. pag. 25, Zeile 27.

4 Wörtlich so Ephraem, pag. 310 E.

5 Wörtlich so Theodor, col. 593 A: Τοσαύτη αὐτοὺς ἀθρόα......
ἔκστασις λήψεται, ὥστε ἕκαστον ἐπὶ τὸν πλησίον τρέποντα τὴν οἰκείαν
χεῖρα μηδὲ τοῦτο εἰδέναι, ἀλλ' οἴεσθαι ἀλλοτρίων ἐφάπτεσθαι

6 Sachlich dasselbe Theodor, col. 593 B.

Beute des Hauses Gog für Gott aussondern;[1] wie David mit dem Schwerte Goliaths that[2] und die Philister mit der Rüstung Sauls, die sie der Astarte, d. h. der Venus aussonderten. „Und die Kessel", welche die Feinde für ihren Gebrauch (mit sich) tragen und nun die Israeliten Gotte darbringen, werden zahlreich und heilig sein, wie die Opferschalen vor dem Altar.[3] Durch „Kessel" weist er auf alle Geräte hin.

XIV, 21: „Kein Kananiter soll (mehr) sein u. s. w." d. h. der es gleich macht und zu vergleichen ist den bösen Gebräuchen der Kananiter, cfr. jenes Wort des Hosea (12, 8): „Die Wage des Betruges ist in der Hand Kanaans u. s. w."[4] Der Hebräer liest „Kaufmann" (für „Kananiter".)

Zu Ende ist die Prophetie des Sacharja.

---

[1] Das klingt an Theodor, col. 596 A an: ἠβουλήθη τὰ λοιπὰ ὅπλα . . . . . εἰπεῖν, ἅπερ οὖν ἀνατιθέναι ἤμελλον. Sachlich ebenso Barhebr. pag. 25, Zeile 28 f.

[2] Auch hier Anklang an Theodor, col. 596 A: οἷον πεποίηκεν ὁ μακάριος Δαυῒδ μετὰ τὴν τοῦ Γολιὰθ ἀναίρεσιν, τὸ ξίφος ἀναθεὶς τῷ θεῷ. Sachlich ebenso Barhebr. pag. 25, Zeile 29 f.

. fol. 232a.
---

1 So I und L, dagegen Lee .
2 So I und L, dagegen Lee fügt hinzu.
3 So I und Lee, dagegen L mit Sĕyâmê.

---

3 Fast wörtlich dasselbe Barhebr. pag. 26, Zeile 1 f.
4 Sachlich und zum Teil auch wörtlich Theodor, col. 596 D: Οἱ
τοῦ Ἰσραὴλ τοῦ πρὸς ἀσέβειαν ἢ τινα μοχθηρίαν νεύειν ἠθῶν....
οὕτω καὶ ὁ μακάριος Ὠσηὲ λέγει· Χαναάν, ἐν τῇ χειρὶ αὐτοῦ etc.
Sachlich dasselbe Barhebr. pag. 26, Zeile 3.

Appendix.

Die Auslegung der Psalmen 16. 22. 68. 69. 72. 45.

Abkürzungen:

Th[b].   = der Psalmenkommentar des Theodor von Mopsuestia in syrischer Bearbeitung, wie er im Berliner Manuskript Sachau 215 vorliegt und von Baethgen in Z. A. W. 1885 pag. 53—101 beurteilt worden ist.

Barhebr. = die Scholien des Barhebraeus zum Psalter, die mir leider nicht in der von de Lagarde (Praetermissorum libri duo, 1879) besorgten Ausgabe, sondern nur im Manuskript Brit. Mus. Add. 23596 zugänglich waren.

NB. Eine genaue Bestimmung des Theodor'schen Eigentums in den hier veröffentlichten Abschnitten aus dem Psalter ist vor der Hand noch nicht möglich, da der im Pariser Cod. Coislianus 12 enthaltene noch unverstümmelte Commentar Theodors zu Pslm. 32—60 (cfr. Lietzmann, der Psalmencommentar Theodors von Mopsuestia, in Sitzungsberichte der Königl. Preuss. Ak. der Wissensch. 1902, XVII) noch nicht veröffentlicht ist und Th[b]., ähnlich wie der von Ascoli herausgegebene lateinische Psalmencommentar Theodors (Il codice Irlandese dell' Ambrosiana, Roma 1878 = Archivio Glottol. ital. V) ausser einem irgendwie bearbeiteten Theodor noch andere unbekannte Quellen benutzte (cfr. Baethgen, l. c. pag. 101). Auch das lässt sich noch nicht entscheiden, woher eigentlich Th[b]. das Theodor'sche Eigentum entlehnte. Wenn er pag. 124, Fussnote 1 und pag. 149, Fussnote 3 den Išô'dâdh'schen Text nicht zufällig paraphrasierte, so bietet er an diesen Stellen — vorausgesetzt dass sie wirklich Theodorisch sind — eine ausführlichere Form Theodor's als Išô'dâdh und weist damit auf eine andere uns unbekannte Bearbeitung des Mopsuesteners zurück.

Psalm XVI.

XVI, 2: Der Hebräer (hat) für: „Mein Gutes kommt von Dir" „Und meine Güte ist nicht über dich hinaus," d. h. Du bedarfst nicht mein Eigentum, da du ja mein Wohlthäter bist allezeit.[1] Auch der Grieche: „Und mein Gutes brauchst du nicht."

XVI, 3: „Die Heiligen im Lande" nennt er die Vornehmen und Grossen und Gewaltigen der Völker, die sie umgeben und sie bedrängen. Alles was abgesondert ist von seinem Nächsten und sich hervorhebend, nennt der Hebräer heilig.[2] Symmachus sagt für „Heilige" „Vollkommene". „All mein Wohlgefallen" und mein Begehren habe ich ausgewirkt „an ihnen", da ich sie mit meinen Händen vernichtete. Und wenn sie später wiederum nach unserer Herrschaft begehren sollten,[3]

XVI, 4: „sollen ihre Schmerzen viele sein" d. h. es sollen ihnen in unmittelbarer Folge andere Leiden und Bedrängnisse zu den ersteren durch Heimsuchung von Gott hinzugefügt werden.[4] Der Hebräer: „Es werden viel

---

[1] Das ist natürlich Erklärung des Pešitto-Textes.

[2] Th[b]. fol. 18 a, Zeile 10 f. kürzer, aber unter deutlichen Wortanklängen also: ܡܪܝܐ ܕܝܢ ܠܗܠܝܢ ܕܚܩܘܗܝ ܪܚܡܘܗܝ. ܐܠܐ ܘܒܢܝܢܫܐ ܡܢ ܗܢܐ. ܚܦ ܘܡܣܬܚܒܝܢ ܗܘܘ ܕܘܪܐ ܘܚܣܡܐ.

[3] Fast wörtlich so Th[b]. fol. 18 a, Zeile 13 f.: ܘܡܢ ܪܚܡ ܚܘܒܝ ܚܟܝܡ. ܐܘܪܚܝܐ ܐܢܐ ܚܣܪܐ ܘܚܣܝܒܬ. ܐܒܝ ܢܚܡ ܠܗܣܝܡܐܢ.... Barhebraeus fol. 120 b, Zeile 1 fasst das Ganze in folgende Glosse ܚܣܢ ܐܗܡܗܕܠ ܚܣܡ ܪܒܘܗܝ.

[4] Kürzer, aber unter deutlichen Wortanklängen Th[b]. fol. 18 a, Zeile 15 f.: ܐܣܓܝ ܚܣܝܐ ܚܠܐ ܡܪܡܬܐ.

ψ 16.

fol. 286 b, 5

---

¹ So L, dagegen Syr. hex. .

² So L², dagegen L¹ .

³ L .

⁴ So L, nach Syr. hex. hat auch Symmachus .

sein ihre Götzen und sie laufen ihnen nach" d. h. sie und ihre Götzen werde ich vernichten, dass sie nicht eilen, sie anzubeten. „Und nicht will ich darbringen ihre Trankopfer von Blut." Wie sie selbst sind ihre Trankopfer, der Stolz ihrer Götzen.

XVI, 6: „Die Messschnüre sind mir gefallen" d. h. ein trefflicher Anteil ist's, der mich getroffen hat, d. h. das Land der Verheissung ist (von) mir sehr geliebt. (Der Ausdruck ist gewählt), dieweil durch Messschnüre das Land von Josua, dem Sohne Nuns, verteilt wurde[1] und durch Messschnüre die Ländereien überall vermessen werden.

XVI, 7: „Der mich beraten hat" d. h. du gabst mir das Gesetz, das mich berät und unterweist in Betreff dessen, was ich thun und lassen soll.[2] „Nächte" nennt er die Bedrängnisse[3] und „Nieren" die Gedanken, indem dass sie die Bewegungen der Begierde erzeugen, die unserer Natur eingepflanzt ist.

XVI, 9: „Auch mein Fleisch", d. h. Fleisch nennt er den ganzen Menschen, wie gewöhnlich.

XVI, 10: „Du hast nicht gelassen meine Seele im (Scheol)" d. h. dass sie in die Tiefe der Bedrängnisse hinabsinke wie in den Scheol und nicht hast du betreffs deines Volkes, nachdem es vom Götzendienste gereinigt war, zugegeben, dass es das Verderben sähe von den Händen seiner Feinde. Der Grieche: „Du lässest nicht und giebst nicht zu".

Auch wenn die Worte zu ihrer Zeit auf das Volk bezogen wurden, so erhalten sie doch die wahre Erfüllung in Christo, wie auch Petrus (Act. 2, 27 und 31) bezeugt. Und wie wenn jemand für einen König einen Becher schmiedet, oder ein Haus baut und erst im Laufe der Zeit kommt er in dem Hause zu wohnen, in der Zwischenzeit aber bewohnen und benutzen auch andere das, was für den König her-

---

1 L .
2 So L, dagegen Lee .
3 So L, dagegen Syr. hex. L.
4 I .

---

1 Kürzer, aber unter deutlichen Wortanklängen Th[b]. fol. 18b, Zeile 1 f.:
. Auch Barhebr. fol. 120b, Zeile 12 f.
fügt zu die Glosse hinzu.

3 Th[b]. fol. 18b, Zeile 6 f. bietet auch hier die kürzere Form:
4 Bei Th[b]. fol. 18b, Zeile 8 lautet die Glosse:
; bei Barhebr. fol. 121a, Zeile 4 f. also:

gestellt ward, so wird auch alles, was in Beziehung auf Christum gesagt ist, in den Zwischenzeiten auch auf andere Personen bezogen, damit es nicht aufgelöst und vergessen werde von der Zeit u. s. w.[1]

Psalm XXII.

Wegen eines Wortes, das unser Herr aus diesem Psalm zur Zeit seiner Kreuzigung gesprochen hat, ferner auch wegen jener Ähnlichkeit (Anspielung): „Sie haben meine Hände und Füsse durchbohrt u. s. w." (vers 17) beziehen Einige den ganzen Psalm auf ihn. Aber wie passt denn die Reihe dieser Stichen für den, „der kein Unrecht gethan hat und in des Lippen keine Sünde ge-funden ward",[2] (1 Petr. 2, 22) und (der da sagt:) „Es kommt der Fürst der Welt und an mir u. s. w." (Joh. 14, 30)? Besonders (beachte) jenes: „Ich bin ein Wurm u. s. w." (vers 7). Wenn man aber sagt, dass unser Herr das An-gesicht der menschlichen Natur (beim Sprechen) dieser Worte trug, wohlan, wenn er gesagt hat: „Auf dich haben meine Väter gehofft" (vers 5) und „auf dich bin ich geworfen von Mutterleibe an" (vers 11), so möge man uns doch sagen, wer die Väter seiner menschlichen Natur sind und wann sie auf Gott hofften und gerettet wurden. Unser Herr vielmehr, als ihn die Juden beschuldigt hatten, dass er ein Feind Gottes sei, weist ihnen nach aus der Schrift, dass er Alles in Erfüllung des Wohlgefallens des Vaters thut und leidet, besonders aber zur Zeit seiner Passion. Ferner (lehrt er?) die Wirklichkeit seiner menschlichen Natur und dass er in Wahrheit gelitten hat, und auch dass wir in

---

[1] Fast wörtlich so Th[b]. fol. 18b, Zeile 15f.: ܣܗܠܐ ܕܐܠ ܡܣܡܗ
ܠܢܩܦ ܕܡܣܐ ܕܐܡܬܙܐ ܕܐܠܗܚܐ. ܐܘ ܒܘܚܕܐ. ܠܚܚܚܪ ܣܚܚܐ ܥܡ ܘܣܠܐ
ܗܐܡܙܐ ܕܣܠܐ ܣܚܠ ܚܠܝ ܚܚܠܬܗܚܚܘܚ.

ψ 22.

fol. 289 a, 4
---

[1] L mit Sĕyâmê.
[2] L مبح.
[3] So L¹, dagegen L² hat das Wort getilgt.

---

[2] Auch bei Kihn (Theodor v. Mopsuestia und Junilius Africanus als Exegeten 1880) pag. 161 citiert Theodor 1 Petr. 2, 22: qui peccatum non fecit, nec inventus est dolus in ore eius.

unserer Bedrängnis Gott anrufen sollen. — Andere: Auf unsern Herrn wurde der grösste Teil der Weissagungen gesprochen, auch wenn sie in der Mitte (Zwischenzeit) auf Andre bezogen wurden, nach Massgabe des Bildes von dem Becher und dem Bau, von dem wir oben (cfr. Psalm XVI Schluss) gesprochen haben.

XXII, 2: „Wegen der Worte meiner Thorheiten" d. h. wegen der Thaten.

XXII, 3: „Mein Gott, ich rufe dich des Tages" d. h. was ist die Ursache, dass keine Erlösung für meine Bedrängnisse eintritt.[1] Und es gleicht jenem: „Warum stehst du, Herr, so ferne?" (Psalm 10, 1) und jenem Worte Habakuks: „Warum schreie ich, Herr, und du hörst nicht u. s. w." (Hab. 1, 2).

XXII, 4: „Du bist heilig u. s. w." d. h. er räumt ein: Nicht aus Nachlässigkeit hast du mich nicht erhört, als ich viele Male dich rief, sondern weil du der heilige Gott bist und das Gebet meiner Sünde mit Bathseba nicht annimmst. Und das weiss ich daher, dass „auf dich meine vortrefflichen Väter gehofft haben u. s. w." (vers 5).

XXII, 17: „Sie haben meine Hände durchbohrt" bedeutet nicht, dass er (in Wirklichkeit) durchbohrt ward von ihnen, sondern er redet von der Schwere der Leiden. D. h., wenn sie ihn übermocht hätten, so hätten sie das gethan.

XXII, 19: „Über mein Kleid u. s. w." Indem dass Absalom[2], als er zur Schändung seiner (Davids) Weiber hineinging, die ihm zum Erbe zugefallenen Kleider nahm und seinen Leuten austeilte.

XXII, 18: „Die sahen es und weideten sich an mir" und freuten sich über mich nach ihrem Wohlgefallen.

XXII, 21: „Aus der Hand der Hunde meine Einsamkeit". Meine Einsamkeit hat er gebracht d. h. meine

III

[Syriac text — 12 lines of body]

---

1 I ܘܡܩܒܠ.

2 So L, dagegen Lee ܐܝܟܐ.

3 L ܘܡܟܐ.

4 So L, dagegen Lee ܕܝܘܡܐ ܠܐܝܕܐ.

5 L ܐܝܟ.

6 L ܐܪܥܐ.

7 L ܡܕܝܢܐ.

---

1 Sollte das ein Anklang an Th[b]. sein? Dort lesen wir fol. 26b, Zeile 9: [Syriac text].

2 Auch Th[b]. deutet diesen Psalm auf David und seine Verfolgung durch Absalom, wie aus der Überschrift (cfr. Baethgen Z. A. W. 1885. Heft I. pag. 78: [Syriac text]) hervorgeht.

Seele, denn die einzige ist sie mir. Wiederum: Wegen der Menge der Feinde spricht er: „Meine Einsamkeit“.

XXII, 22: „Und aus dem hohen Horn“ d. h. aus ihrem Hochmut und ihrer Aufgeblasenheit hat er meine Erniedrigung gerettet.[1] Der Grieche: „Und aus den Hörnern des Einhorns meine Erniedrigung“.

XXII, 24: „Ehret ihn“ d. h. ehret ihn, wie er euch geehrt hat.[2] Mit „dem Armen“ (v. 25) und „den Armen“ (v. 27) meint er sich und die seines Volkes.[3]

XXII, 32: „Dem Volk, das geboren werden soll, das (der Herr) schafft“ weist darauf hin, dass seine Gerechtigkeit (ihm) anhaftet d. h. man bringt und belehrt und erleuchtet die Kinder und Kindeskinder, die von uns geboren werden sollen auf viele Generationen hin für diese Gerechtigkeit, die der Herr wirkt an mir und diesem Volke von Anfang an.[4]

Psalm LXVIII.

Diesen Psalm, der über die Hinaufführung der Lade aus dem Hause Obar (Obed)-Edoms gesprochen wurde (2 Sam. 6),[5] beginnt David mit den Worten Moses, die über die Lade gesprochen wurden. „Es geschah“ so heisst es (Num 10, 35 f) „wenn die Lade aufbrach, so sprach Mose: Der Herr steht auf und deine Hasser werden zerstreut, und wenn sie sich niedersetzte, sprach er: Kehre wieder, Herr, zu den Myriaden und Tausenden Israels“. Diese (Worte) wurden gebraucht, jedesmal wenn die Lade von einem Orte zum andern bewegt oder niedergesetzt wurde. Deshalb erwähnt auch David

---

[1] Das klingt an Th[b]. fol. 27 b, Zeile 18 f. an: ܡܝ ܗܢܐ ܕܐܡܪ ܘܢܣܚܒܘܗܝ ܡܬܚܡܨ ܩܕܘ.

[2] Fast wörtlich so die Glosse bei Th[b]. Dort lesen wir fol. 28 a, Zeile 6: ܐܝ ܗܘܝܬ ܠܟܘܢ ܐܝܩܪ ܘܐܝܩܪܘܗܝ.

 fol. 289b

ψ 68.

fol. 304b, 7

---

[1] L . Ausserdem beachte, dass Syr. hex. also liest:
[2] L .

---

[3] Sachlich dasselbe Th[b]., fol. 28a, Zeile 9ff.

[4] Sachlich dasselbe Th[b]., fol 28b, Zeile 10ff.

[5] Das klingt deutlich an die Überschrift des Psalmes bei Th[b].
an; cfr. Baethgen l. c. pag. 80:
. Ähnlich Barhebr. fol. 163a, Zeile 20.

mit gutem Rechte hier dasjenige, was für die Person Moses und Josuas passend gesprochen wurde.

68, 1: „Gott steht auf u. s. w." mit dem Aufstehen Gottes meint er überall das Bereitsein zur Hülfe seiner Hausgenossen[1] und die Strafe seiner Feinde.

68, 4: „Preiset den, der dahin fährt nach Westen" d. h. der dahin fährt (so heisst es) auf seinem Volk wie der Wagenlenker auf dem Wagen und dahin geht mit dem Reste(?) mit ihm und dahinführt in westlicher Richtung, um sein Volk nach Palästina hineinzuführen. Denn auch vom Osten des Landes der Verheissung fand ihr Einzug statt, indem ihr Angesicht nach Westen war.[2] Der Hebräer: „Preiset den, der im Himmel sitzt; Jah ist sein Name".

68, 6: „Der den Einsamen wohnen macht in dem Hause". „Einsam" nennt er sein Volk, sintemal es vereinzelt war durch seine Lebensgewohnheit, die in seinem Gesetz (wurzelte). „Haus" aber (nennt er) das Land der Verheissung.[3] Und wie (als ob) einer fragt: Woher ist's bekannt, dass Gott (dazu) imstande ist, so antwortet er: Wir wohnen (ja) im Lande der Verheissung. „Und der die Gefangenen herausführt". (Es heisst:) Aus jener Lage, in der wir wie in Fesseln gefangen waren in Ägypten, hat er uns herausgeführt. Und siehe (es ist geschehen), obgleich wir sehr widerspenstig waren und wie Leichen in den Gräbern in der Knechtschaft lagen.

Der Grieche: „Er führt die Gefangenen heraus mit Macht wie die Erbitternden, die da wohnen in den Gräbern" d. h. nicht allein Gefesselte waren wir,

---

[1] Sachlich dasselbe Barhebr., wenn er fol. 163ᵃ, Zeile 23 schreibt: ܩܝܘܡܐ ܕܒ̈ܝܬܝܐ ܘܙ̈ܘܝܐ.

[2] Diese ganze Glosse ist bei Thᵇ. ganz kurz zusammengefasst und lautet fol. 84b, Zeile 20 f. also: ܡܚܘܐ ܠܡ ܠܦܘܪܩܢܐ ܕܝܗܒ ܠܗܘܢ ܐܠܗܐ ܠܒ̈ܢܝ ܝܣܪܐܝܠ.

[1] L .

[2] So L, dagegen Syr. hex.:
3 Die beiden letzten Sätze sind bei Th[b]. zusammengezogen und lauten
fol. 85 a, Zeile 4 f. also:
. Bei Barhebr. lautet die Glosse fol. 163 b,
Zeile 4 also:

sondern auch solche, die Gott erbittern und erzürnen. Andere: Uns, die wir durch die Knechtschaft der Ägypter gefesselt waren, führte er heraus mit starkem Arm, die widerspenstigen Ägypter aber, die gegen unsere Erlösung frech wirkten, machte er wohnen unter den Begrabenen dadurch, dass er ihre Erstgeborenen tötete und sie selbst im Meere untergehen liess.[1]

68, 7: „Als du in der Wüste dahinzogst, da (bebte) das Land". Glosse fehlt!!

68, 8: Mit jenem „Die Himmel troffen" deutet er auf den Mannaregen hin.[2] „Es bewegte sich" d. h. der Berg Sinai durch deine Offenbarung auf ihm. Und darnach „bebte die Erde" (vers 7) und verschlang die Rotte Korah.[3] „Es bewegte sich" aber auch das Herz der Völker, wie Rahab zu den Kundschaftern sagte: „Es erbebte unser Herz und (das Herz) aller Bewohner der Erde vor euch" (Jos. 2, 9 u. 11).

68, 9: Auch mit „dem Regen des Wohlgefallens" meint er das Manna. „Regen" aber heisst er's, weil es wie der Regen herabstieg. „Des Wohlgefallens" aber nennt ers, weil es durch das Wohlgefallen Gottes neben dem gewöhnlichen Regen eintraf.[4] Dein Erbe „war krank" in Ägypten, „aber du hast es hergestellt" in Palästina,[5]

68, 10: demselben, „in welchem" wegen seines Überflusses auch das Vieh eben deines Volkes „wohnte" und Überfluss hatte.[6]

---

[1] Dies letzte Citat giebt Theodors Ansicht wieder, denn bei Th[b]. fol. 35 a, Zeile 6 ff. finden wir's in kürzerer Gestalt wieder. Dort lautet's nämlich: ܘܡܩܦ ܐܣܝܪ̈ܐ ܚܒܝܫܐ ܠܗܠܝܢ ܡ ܡܪ̈ܝܒܝ ܡܡܪ̈ܝܐ ܠܡܝ ܚܡ. Noch kürzer wird derselbe Inhalt wiedergegeben bei Barhebr. fol. 163 b, Zeile 6 f.

[2] Diese Glosse lautet bei Th[b]. fol. 35 a, Zeile 11 f. also: ܠܡܢܐ ܠܟܠܠܝܘ̈ܣܐ ܡܒܝܢ ܡ ܡܪܝ ܐܠܗܐ. Barhebr. fol. 163 b, Zeile 12 hat hiervon nur die drei ersten Worte.

[Syriac text, 16 lines; fol. 305a marked in the left margin]

---

[1] L [ܘܡܝܣܪܝܢ].

[2] Das steht bei Lee nicht im Pešittotext.

[3] Dies Wort ist von mir aus dem Zusammenhange ergänzt; bei L ist an seiner Stelle eine Lücke, offenbar, weil die Vorlage nicht mehr gelesen werden konnte.

[4] So L, dagegen Lee [Syriac].

---

[3] Bei Th^b. fol. 35 a, Zeile 10 f. lautet die Erklärung also: [Syriac].

[4] Hier scheint Barhebr. in irgend einer Form Išoʻdâdh benutzt zu haben. Denn fol. 163b, Zeile 14 f. lesen wir: [Syriac].

[5] Fast wörtlich so Th^b., fol. 35a, Zeile 13 f.: [Syriac]. Bei Barhebr. fol. 163b, Zeile 15 f. stehen nur die unterstrichenen Worte.

[6] Das klingt an Th^b. an. Dort lesen wir fol. 35a, Zeile 15 f.: [Syriac].

68, 11: „Der Herr wird geben das Wort" d. h.
die frohe Botschaft (heisst es) . . . . . (die) du unsern Vätern
gegeben hattest, indem du, was du ihnen verheissen hattest,
dass nämlich du für uns sorgen und uns zur Ruhe bringen
werdest, an uns jetzt erfüllt hast durch deine grosse Kraft.[1]

68, 12: „Die Könige der Heerschaaren werden
sich versammeln u. s. w." (Es heisst:) Auch wenn sich
jene mächtigen 31 Könige und andere gegen uns versammelt haben, so wollen wir sie doch mit deiner Hilfe zerstreuen und von ihrer grossen „Beute", die wir unter uns
verteilt haben, soll das Haus deinem Namen gebaut werden,
und es soll geschmückt werden und glänzen in grosser
Herrlichkeit. Er will sagen: Zur Verschönerung deines
Hauses haben wir geraubt und du hast uns gegeben den
grossen Besitz der Kananäer und der übrigen Völker.[2]

68, 13: „Wenn ihr zwischen den σκάνδαλα schlafen
werdet, Flügel" d. h. auch bevor wir das Land in Besitz
nahmen, hat Gott uns das verheissen: „Wenn ihr wohnen
werdet in Frieden wie in der Ruhe des Schlafes, wenn beseitigt sein werden die σκάνδαλα, welches die Widersacher
um euch her sind" (freies Citat aus Stellen wie 5 Mos. 12, 10.
25, 19 und ähnlichen) d. h. zur Zeit Salomos — „es gab ihm
der Herr Ruhe vor seiner ganzen Umgebung" (1 reg. 5, 4) —
dann soll gebaut werden das Haus des Herrn, das schönes
Schnitzwerk hat, das mit Gold und Silber überzogen ist."

---

[1] Diese im Text verdorbene Glosse steht kürzer bei Th[b]., fol. 35 a,
Zeile 18 f.: ܡܠܟܐ ܘܚܒܪ̈ܘܗܝ ܡܡܠܠܐ ܚܒܪ ܡܡܠܠܐ ܘܡܣܒܪܢܝܬܐ ܐܚܕ ܠܟܬܐ
ܠܫܡܪ̈ܝܐ. Die erste Hälfte dieser letzten Fassung steht auch bei Barhebraeus fol. 163b, Zeile 19 f.

[2] Diese ganze Glosse ist bei Th[b]. fol. 35 a, Zeile 19 f. also zusammengezogen: .ܠܟܗ ܠܡܣܒܥܘܗܝ ܚܠܡ ܠܡܣܒܥܘܗܝ ܘܣܬܠܐܩܬ ܠܩܛܐ
ܘܡܣܒܥܘܗ ܕܠܐ ܒܣܝ ܢܥܠܝ ܘܣܒ ܡܣܬܒܥܢܝܬܐ ܚܟܡ ܘܚܣܒܐ. Bei Barhebr.
fol. 163b, Zeile 22 f. lautet es noch kürzer.

---

[1] Hier ist bei L eine Lücke, in der etwa ein Wort eingereiht werden kann.

[2] Dies Wort ist von mir aus dem Zusammenhange für eine Lücke im Ms. gesetzt.

3 L .

4 L .

5 L .

Wiederum (heisst es:) Als ob einer fragt: Wann wird sich dieses erfüllen?, so antwortet er „wenn ihr wohnen werdet in Frieden, und beseitigt worden sein werden die σκάνδαλα u. s. w. wie oben". Der Hebräer liest für „zwischen den σκάνδαλα" „im Mist". D. h. auch wenn ihr meint, wir ermangeln der Besitztümer u. s. w., will ich so grossen Frieden und Glanz euch bringen, dass ihr von dem grossen Reichtum, den ihr von den Völkern geraubt habt, mit silbernen Tauben, die mit Gold überzogen sind, spielt und euch schmückt nach der Gewohnheit der Reichen. Von allen Gebilden aber setzt er die Flügel der Tauben allein, weil ihr Aussehen besonders herrlich und schön, wenn vergoldet und von ferne glänzend. Der Grieche liest für „zwischen den Feinden" „zwischen den Losen". Symmachus aber „zwischen den Erbstücken". Wiederum: Durch Taube erinnert er an das Opfer Abrahams, welches mit den übrigen Tieren auch die Taube darbrachte. Wiederum: Weil die Taube ein besonders schöner Vogel ist.

68, 14: „Als Gott den König enthüllte" d. h. die Beweisführung (ist folgende): Gott ist imstande, euch diesen Glanz zu geben, weil er, als ihr früher unter dem Königreich der Ägypter dientet, euch aus ihm herausführte und euch den König auf dem Berge Sinai enthüllte, dass ihr, wie es heisst, ihm sein solltet das Königreich und die heiligen Priester (Exod. 19, 6). Und zu dieser Zeit glänzte die ganze Versammlung d. h. die auf Befehl Moses Erwählten wie Schnee.[1] Und er erlaubte euch damals, dass ihr euch Könige einsetzen dürftet, wenn ihr darum gebeten haben würdet. Und indem er kund thut, wo die Könige eingesetzt und in den Versammlungen glänzen sollen, sagt er:

---

[1] Die ganze Glosse ist bei Th^b. fol. 85 b, Zeile 10 f. zu folgenden Worten zusammengezogen: ܡ ܡܢܗ ܐܠܗܐ ܐܠܟܕ ܚܒܼܠܡܐ ܚܦܠ ܠܝܐܒ ܘܚܡܣܝ. ܚܗ

 fol. 305b

---

1 L.

2 So L, dagegen Syr. hex.

3 So L, aber nach Syr. hex. liest Symmachus

. Bei Barhebraeus fol. 164a,
Zeile 7 f. stehen nur die unterstrichenen Worte.

„Auf dem Zalmon" d. i. der Zion, der Berg Gottes.[1] So, nämlich ward der Berg von den Völkern genannt. Einige: Er nennt den Mose König. Wiederum: Als Gott euch von den Königreichen Ägyptens befreite und euch aussonderte, allein zu wohnen im Lande der Verheissung und euch das Königreich bestimmte, für euch allein, auf dem Zalmon, damals saht ihr herrlich und glänzend aus wie Schnee vor allen Völkern. Jenes: „Es ward schneeweiss" sagt er für den Glanz.

68, 15: „Ihr Berge von Bâišân[2] u. s. w." Von diesen Bergen, die nahe sind dem Lande, deutet er auf die Völker, die um sie herum sind, die stark und mächtig wie die Berge von Bâišân. Gleich als wären sie neidisch gegen dieses Volk, dass es seit kurzem in ihrer Mitte gepflanzt wurde und sie bewältigte und sie alle hinwegschaffte mit seiner Macht. Warum, (heisst es), fasst ihr Pläne gegen dieses Volk, indem ihr es ausrotten wollt.[3]

68, 16: „Der Berg, den er sich erwählt hat u. s. w." Auch wenn ihr (so heisst es) ihm zehntausendmal zu schaden sucht, er kann nicht beschädigt werden, weil Gott ihn für immer zu seiner Wohnstätte gemacht hat.[4] Im Griechen steht weder Bâišân noch Gabnim, sondern „die fetten Berge, die mit Käse versehenen Berge"

---

[1] Dieselbe kurze Glosse Th[b]. fol. 85 b, Zeile 12 f. und Barhebr. fol. 164 a, Zeile 10.

[2] Beachte, dass der Syrer hier und an andern Stellen בְּיׁׁק (syr. ܡܚܣ̈ܐ) mit בֵּית שְׁאָן, בֵּית שְׁאָן (Scythopolis) verwechselt (Nöldeke).

[3] Bei Th[b]., fol. 85 b, Zeile 16 f. lautet die Glosse also: ܡܛܠ ܪܚܡ̈ܘ ܠܢܝܕܡܝܗ ܡܝܟܚܐ ܗܣܡܡܡܗ ܇ ܘܚܣܡ ܠܥܝܕܡܝܗ ܡܚܟܚܐ ܗܣܡܡܡܗ. Da Barhebr. zu den unterstrichenen Worten fol. 164 a, Zeile 14 noch hinzufügt: ܘܠܐܝܪܕ ܣܥܠܐܟ, muss er die vorhergehenden Worte Išô'dâdhs oder doch wenigstens einer ähnlichen Vorlage gekannt haben.

[4] Dieses Citat ist aus Theodor und lautet Th[b]., fol. 85 b, Zeile 19 f. also: ܡܒܝܠ ܢܥܐܐ ܕܗ ܠܗܟܠܡ. ܘܠܐ ܡܚܪܡܠ ܡ ܚܟܠܝܟܚܗܣܡ. Barhebr. fol.

وإلها¹
---

¹ L .

² Die Worte von bis hierher stehen bei L von erster Hand schon am Rande.

³ L hat dies und die drei folgenden Worte mit Sĕyâmê.

164a, Zeile 16 f. sachlich dasselbe, aber sich mehr an Išô'dâdh's Fassung anlehnend: . . . .

d. h. voll von Milch. Symmachus: „Von schöner Nahrung". Der Hebräer: „Ihr Berge von Bâišân, warum trachtet ihr u. s. w."

68, 17: „Gott ist dahin gefahren inmitten der Myriaden u. s. w. und der Herr in ihrer Mitte (hat) den Sinai (geheiligt)". Er, der über den Tausenden und Myriaden der Könige dahinfuhr, er ist's, der sich damals auf dem Sinai offenbarte und ihn heiligte.

68, 18: „Du bist in die Höhe gefahren u. s. w." Weil der Sänger von der Liebe zum Herrn trunken war, konnte er sich nicht genug thun, die Wunder des Herrn aufzuzählen; also kehrt er wiederum zum Anfang des Psalms, zu Ägypten zurück. (Es heisst:) Du wurdest als der Hohe und Herrliche gesehen bei unserm Auszug aus Ägypten, als wir sie beraubten und grossen Reichtum davontrugen[1] an Stelle des harten Dienstes in unserer Knechtschaft, wie du uns befohlen hattest: Fordert Gold und Silber und plündert die Ägypter. (Ex. 11, 2). Es hat aber der Apostel (Eph. 4, 8) diese Worte gebraucht, nicht weil sie über unsern Herrn gesprochen wären, sondern wegen der Ähnlichkeit der Ereignisse. „Und auch die Widerspenstigen u. s. w." (Es heisst:) Wie er die widerspenstigen Ägypter erniedrigt und uns aus ihrer Mitte herausgeführt hat, so vernichtet er auch die Kananäer, die dem Dienste seiner Herrschaft widerstreben, dass sie nicht in seinem Lande wohnen.[2] Uns aber hat er zu seinem Erbe erwählt.

68, 21: Vom „Haarschädel" redet er mit Beziehung auf die Gehirnmasse des Schädels, über welcher der Sitz

---

[1] Auch dieses Citat ist aus Theodor cfr. Th[b]., fol. 86a, Zeile 5ff.:

ܠܐܣܝܟ ܙܐܠ ܘܡܚܣܠ ܚܣ ܐܠܝ ܘܨܚܒܐ ܪܒ ܡܪܝܠ ܘܡܚܒܐ ܡܚܝܟܐ ܘܚܡܠ
ܘܡܚܣܝܐ ܚܝܗ ܡܪܝܢܐ. ܘܨܚܒܐ ܡܟܘܚܟܐ ܘܚܐܠܝ ܡܢܘܩ ܘܡܪܝܠ ܠܟܬܢܬܠ

---

[1] L hat an Stelle des letzten Wortes nur: .
[2] L '.
[3] So L, aber Lee .

. Barhebr. fol. 184 a, Zeile 20 ff. also:
. Beachte, dass Th[b]. hier ausnahmsweise einmal
die ausführlichere Form des Citates bietet. Ausserdem scheint Barhebr.
hier direkt aus Th[b]. oder einer ihm ähnlichen Quelle zu schöpfen.

[2] Dasselbe zusammengezogen bei Th[b]., fol. 86 a, Zeile 9 f.:
. Ebenso Barhebr. 164 a,
Zeile 22.

(die Eingangsstelle) des Haares ist, als ob seine Bosheit auf seinen Schädel zurückkäme.[1]

68, 22: „Der Herr hat gesagt: Aus den Zähnen" der Ägypter[2] „will ich zurückbringen" mein Volk. Und auch „Meer" nennt er es (Ägypten).[3]

68, 23: „Auf dass sich dein Fuss", o Gott, „im Blute" deiner Feinde[4] „bade". Jenes meṭul setzt er nicht zur Begründung, sondern für die Strafe (Näheres siehe Adrians εἰσαγωγὴ § 77) wie jenes: „auf dass du recht behaltest in deinem Wort u. s. w." (Psalm 51, 4). Mit einem Bilde schmückt er sein Wort, welches (Bild) er auf die Vernichtung der Feinde deutet, vergl. jenes: „Ich trat die Kelter allein" (Jes. 63, 3). „Und die Zunge deiner Hunde an (deinen Feinden)". Und auch dieses spricht er aus dem Bilde des Jägers, der seine Hunde von dem Blute des Wildes sich satt trinken lässt. Mit „deinen Hunden" meint er das Volk.[5]

68, 24: „Sie sahen deine Wege" d. h. sie sahen Gott und unter seinen Füssen (wars) wie das Werk von Saphirfliesen (Exod. 24, 10).[6]

68, 25: „Voran gingen die Grossen u. s. w." Mit den Grossen meint er Moses und Aharon und Josua[7], die „inmitten der Jungfrauen" am Schilfmeer sangen.[8]

---

[1] Der Schluss dieses Satzes erinnert an Th[b]., fol. 86 a, Zeile 18 f.: ܡܨܥܗ ܣ̈ܝܦܠܡܗܝ ܕܝ̈ܗܒܘܗܝ ܚܡ ܡܨܡ ܟܗܠܐ. Barhebraeus, der fol. 164 b, Zeile 2 nur das Unterstrichene bietet, scheint hier ebenfalls direkt aus Th[b]. oder einer ihm ähnlichen Quelle zu schöpfen.

[2] Barhebraeus, der fol. 164b, Zeile 3, allein wörtlich mit unserem Texte übereinstimmt, muss hier Išoʻdâdh oder eine ihm ähnliche Quelle als Vorlage gehabt haben.

[3] Nur sachlich dasselbe Th[b]., fol. 86a, Zeile 20 f.

[4] Da Barhebraeus fol. 164b, Zeile 7 in derselben Bemerkung mit unserem Texte übereinstimmt, während Th[b]. fehlt, so wird er hier wohl aus Išoʻdâdh geschöpft haben.

fol. 306a
---

[1] So L, dagegen Lee .

[2] So L, dagegen Lee fügt ein parasitisches Jod hinzu.

[3] So L, das scheint indess nur dialektische Differenz von
zu sein.

[4] Die letzten beiden Worte sind von mir aus Lee zur Ergänzung
der Lücke des Ms. herübergenommen.

---

[5] Th[b]. fol. 86b, Zeile 5 und Barhebr. fol. 164b, Zeile 9:
[6] Bei Th[b]. fol. 86b, Zeile 6 und Barhebr. fol. 164b, Zeile 11 lautet
die Glosse nur: . Beachte, dass in den beiden letzten Fällen
Barhebr. wohl sachlich mit Išoʿdâdh, aber im Wortlaute mit Th[b].
übereinstimmt.

[7] Wörtlich dasselbe Th[b]. fol. 86b, Zeile 7 f. und Barhebr. fol. 164b,
Zeile 15.

[8] Sachlich dasselbe Th[b]., fol. 86b, Zeile 9 f.

Und auch bezeugt er damit die Gesänge und Loblieder, die damals zum Preise des Gottes gedichtet wurden, der sie erlöst hatte, indem die Prophetin Mirjam die Pauke nahm und sie alle (die Jungfrauen) herausführte und sang: „Preiset den, der sich herrlich erzeigt hat" (Exod. 15, 21). Und das ganze Volk überlieferte diese Lieder, einer dem andern, indem sie Gott priesen und segneten.

68, 26: „Quellen" nennt er die 12 Stämme[1], die reichlich übersprudelten, wie das Wasser, das mächtig hervorbricht.

68, 27: „Dort Benjamin u. s. w." Mit diesen vier Namen deutet er auf sie alle. Denn bei ihnen allen traf es zu, dass sie sich freuten über das, was gethan worden war. Andere: Dort am Berge Sinai blieben alle still vor Staunen über die Stimmen und Flammen.[2]

68, 28: „Entbiete, o Gott (deine Macht)" und mache fest unser Leben in diesem Lande[3], „das du uns bereitet hast" zum Erbe.

68, 29: „Aus deinem Tempel" möge die Hülfe gesandt werden „nach Jerusalem", deiner Stadt. Andere: Aus dem Zelt in Siloh möge man Gaben nach Jerusalem bringen. Andere: Zu deinem Tempel, der in Jerusalem ist, zu dir mögen die Könige (Gaben) bringen. Der Grieche: „um deines Tempels willen, der über Jerusalem ist". D. h. auch wir sind dessen nicht wert, aber um deines Tempels willen, der an Ehre höher steht als Jerusalem, das seinetwegen geehrt wird, handele du in deiner Gnade. Tempel aber nennt er das Zelt, wo die Lade niedergesetzt war. (Es heisst:) Obgleich diese Güter bei uns sind, damit dein Tempel in seiner Herrlichkeit erhalten werde, so soll man doch auch von den Heiden, deinen Feinden, und ihren Königen, indem man staunt über die Grösse deiner Macht, dir Gaben und Geschenke

وهوه وحسب حاهوبها وبالدوا بوحو اني. مر بهجيم موزبع
بحط فتجنا. وبعد محوى. وصحبلا بوبا. صحسى.
وبالجب. وصحره حما صححى بوبه حتة قلا بهلم حسووا.
مر صعحسي بالحدوا وصحزوي. صحقحا فزا حاوبحمن
عتهلا وهسيعه وبالحدباسه. حيمحها صتا وبحدم صعبحاله.
بام حسبعي وزعز. حوصحي ابحدا صعحوا وفدر حلا محبوى.
صلهلا وومحووى بالمبة بوبا. وسيى حامحم ومصهاحتي.
استبل. بام حلم حلهوبهسب محبوى صعه حصلبا. مر
بامدوا وقلا محصعوزا. صمو الحدوا وبالحسبووب حلحصمنى
حبوزا ابحدا وحلحابا لب حلحدابالا². مر وصعلب بعلاوز حلوزبا.
لباوبعلم صبسلاي. استبل. مر صصصا وعبحه. صوقحبا لبلاي
للباوبعيم. استبل. حلوصعلب وحلاوبعيم حبو لبلاي صلحقا.
صبسا. صلهلا وصعلب وبالحلا مر اوبعيم². وة اة سي لا
صصب حلووا. الا صلهلا وصعلب وصحب حامحزا مر اوبعلم

---

¹ L صلا'.
² So L, bei Syr. hex. lautet das Citat: مر وصعلب حلا اوبعلم.

---

¹ Bis hierher stimmen Th^b. fol. 86b, Zeile 14 f. und Barhebr. fol.
164b, Zeile 14 f. genau mit unserem Texte überein, aber des Barhebr.
Zusatz صزبه صحلابصله صعبوز, beweist, dass er sich an Išo'dadh's
Fassung des Theodor anlehnt.

² Diese letztere Ansicht findet sich auch bei Th^b., fol. 86b, Zeile 15:
بام حسبعي وحدوا حصلا بوبا وحلهوزا وصعبب مر وسحلا L. Barhebraeus
fol. 164b, Zeile 16 f. hat nur das Unterstrichene, aber dann unter Anlehnung an den Wortlaut Išo'dâdh's: اة بوى عحبه صاوبي،محزه
صالحبوه.

³ Th^b. fol. 87a, Zeile 1: صابحبي الحدوا لحدوا ابحدا وصعحلحم. Barhebr.
fol. 164b, Zeile 20 lehnt sich hier an den Wortlaut von Th^b. an.

bringen[1] zu deiner Stadt Jerusalem, wie der König von
Tyrus in den Tagen Salomos that u. s. w. Jetzt aber
bitten wir

68, 30: „Bedrohe das Tier des Schilfrohres, die
Versammlung u. s. w.“ d. h. die Völker um uns, die in
ihrer Wildheit den Tieren gleichen und beständig mit uns
Krieg führen und Götzen besitzen, die sie anbeten, die wie
Kälber gearbeitet sind, die mit Silber überzogen sind,
oder Schnitzbilder aus Holz, die allem Möglichen gleichen
und mit Silber überzogen sind.[2] Ein Anderer: Schilt
und zerstreue die Völker um uns, die dem unvernünftigen
Tiere gleichen. Die Härte des Rohres, das die Hände eines
jeden durchbohrt, der sich darauf stützt, hat er durch diese
Auffassung erklärt und angezeigt, dass das Tier des Schilfrohres und die Versammlung der Fersen und Kälber die
Götzen der Völker bedeutet.

68, 31: „Es werden die Boten kommen“. (Es
heisst:) Indem du das für uns thust, werden die Boten
Ägyptens kommen, die Frieden und gutes Einvernehmen
mit uns erbitten.[3] „Und Kusch wird Gott die Hand
darreichen“ bekennend.[4] Das ist aber in den Tagen
Salomos geschehen, als von überall Geschenke zu ihm
kamen. Und die Königin von Kusch und Saba kam
zu ihm.

68, 33: „Von Osten her erhob er (seine Stimme)“.
Damit meint er entweder die Stimme vom Himmel unter
Berücksichtigung des Umstandes, dass mit seiner ersten

---

[1] Kürzer Th[b]. fol. 87a, Zeile 4 f.: ܒܠܚܡ ܗܠܟܐ ܘܚܩܠܐ ܚܠܕܪܚܣܪ
ܡܘܪܚܠ ܘܚܘܗ ܥܪܘܠܚܠ ܘܥܒܠܪ ܥܪܒܥܠ.

[2] Kürzer Th[b]. fol. 87a, Zeile 6 ff.: ܚܩܥܡܠ ܘܚܣܪܒܝ. ܐܠܚ ܐܝܚ ܐܘܪܐ
ܓܝܚܠ ܘܚܩܥܡܠ ܘܥܒܣܥ ܚܡܐܡܠ. ܘܐܠܗܝܘܡ ܐܠܚܐ ܡܝܪܠܐ ܡܝܚܝܒ ܘܥܝܚܝܒ ܠܕܘܡ.
Auch Barhebr. fol. 164b, Zeile 22 f. sachlich dasselbe.

<hr>

[1] So L, dagegen Lee mit parasitischem Jod.

<hr>

3 Genau so Th^b. fol. 87 a, Zeile 10 f., nur dass dort =
„an ihnen" für = „an uns" steht.   Ebenso Barhebr. fol. 164 b,
Zeile 25 f., doch lehnt er sich mit seinem = „mit uns" mehr an
die Fassung von Išô'dâdh an.

4 Bei Th^b. fol. 87 a, Zeile 11 f. lautet diese verderbte Glosse:
 = sich bekennend zu seiner Herrschaft; Barhebr.
fol. 164 b, Zeile 26: '.

Stimme das Licht geschaffen wurde und . . . . . . kam,
oder er meint die Stimmen, die auf dem Berge Sinai
waren, oder er redet davon, dass Gott das Volk vom
Osten her einziehen und die Bewohner Kanaans vor ihnen
durch (seine) Stimme erbeben liess.[1] Mit diesem (Worte
bezieht er sich) auf jenes: „Preiset den, der nach Westen
dahinfährt u. s. w." (vers 4.) . . . . (und fordert, es
möchten darbringen) die Völker

68, 34: „Lobpreis für Gott und für Israel Ehre"
und Unterwerfung.

68, 35: „Furchtbar bist du, o Gott". (Es heisst:)
Aus deiner heiligen Wohnung in unserer Mitte und wegen
deiner Fürsorge für uns bist du als furchtbar und stark
erschienen vor aller Augen.[2] Und nun mischt er mit dem
Gebet das Bekenntnis und spricht: „Der Gott Israels
möge geben Kraft und Stärke u. s. w."

Psalm LXIX.

Ein und dieselbe Veranlassung hat dieser Psalm und
der 109.: „Mein Gott, der du mein Ruhm bist, errette
mich, Gott u. s. w."

69, 1: „Wasser" nennt er nach seiner Gewohnheit die
Gewaltsamkeit der Feinde[3], die zu ersticken und zu vernichten vermögen.

---

[1] Zu dieser dritten Ansicht cfr. Th[b]. fol. 87a, Zeile 15 f.: ܡܢ ܐܚܠܗ
ܠܚܨܐ ܐܙܚܠ ܘܡܡܠܡܐ ܢܘܕ ܡܟܗ ܡܐ ܚܡܒܛ. ܘܐܝܟܐ ܠܟܠܚܬ ܐܢܚܠ ܘܡܡܚ.
[2] Kürzer Th[b]., fol. 87 b, Zeile 4 f.: ܝܣܠ ܐܠܐ ܡ ܡܡܝܡܝ ܘܚܣܡܝ
ܘܡܝܘܡܝ ܘܚܠܡ.
[3] Auch Th[b]. fol. 87 b, Zeile 12 deutet hier auf „die Feinde", aber
Barhebraeus (fol. 165a, Zeile 11) allein fährt mit Išố'dâdh fort: ܠܚܣܡܝ
ܘܡܠܚܝܡܘ.

fol. 306 b

ψ 69.

fol. 306 b, 11

---

[^1]: Diese letzten beiden Worte sind an Stelle einer Lücke des Ms. von mir gesetzt.

[^2]: Hier ist eine grössere Lücke im Ms.

[^3]: Dies Wort von mir an Stelle einer kleinen Lücke.

[^4]: L. .

[^5]: So L, dagegen Lee hat für dieses Wort .

[^6]: So L, dagegen Lee . [^7]: L .

[^8]: So L, bei Lee lautet das Citat: .

69, 2: „Abgrund" aber und „Strudel" die beständige Folge der Übel..

69, 4: „Was ich nicht mit Unrecht genommen habe u. s. w." d. h. wie derjenige, der etwas mit Unrecht genommen hat, bestraft wird.

69, 7: „Deinetwegen empfing ich Schmach" von den Macedoniern[1] „und Scham bedeckte mein Angesicht", weil man auch von den Kindern meines Volkes sich ihnen angeschlossen hat.[2]

69, 8: „Ich bin fremd geworden u. s. w.", weil die Mehrzahl der Kinder des Volkes Israel, die meine Brüder und meine Verwandten sind, zum Heidentum abgeirrt sind.[3]

69, 9: „Die Schmach derer, die dich schmähen", indem sie zu mir sprachen: Du vertraust umsonst auf deinen Gott, denn nicht ist er imstande, dich zu retten aus unsern Händen.

69, 12: „Diejenigen, welche im Thore sitzen", weil es Sitte der Alten war, Zusammenkünfte in den Thoren der Städte und Dörfer zu veranstalten. „Und es redeten über mich diejenigen, die da zechen". Der Grieche: „Von mir sangen diejenigen, die da Rauschtrank trinken".

69, 9: „Der Eifer um dein Haus", weil ich den Altar des Zeus in seinem Innern sah.[4]

69, 22: „Möge ihr Tisch werden u. s. w." „Tisch" nennt er die . . . . . und die Freuden und „Schlingen" die Bedrängnisse, welche fangen . . . . . . d. h. all ihr Gutes möge sich zur Züchtigung und Strafe u. s. w. verwandeln.

Anders: (Tisch nennt er) die Vergnügungen, die sie erhoffen und hinnehmen von den Macedoniern. Zur Schlinge

---

[1] Dieselben Worte Th[b]., fol. 88a, Zeile 13 und Barhebr. fol. 165a, Zeile 27.

_____

1 So L, dagegen Lee schickt = und voraus.

2 L '.

3 L ohne Sĕyâmê.

4 So L, dagegen Syr. hex. .

5 Im Ms. ist hier eine Lücke.

6 L ohne Sĕyâmê.

7 L .

_____

2 Bei Th[b]., fol. 88a, Zeile 15 lautet die Glosse: ,
3 Nur sachlich dasselbe Th[b]. fol. 88a, Zeile 17, dagegen Barhebr.
lehnt sich auch an den Wortlaut Išô'dâdh's an, wenn er zu hinzufügt: .

4 Th[b]., fol. 88a, Zeile 20f.:
. Barhebr. fol. 165a,' Zeile 29 also:

sollen sie ihnen (den Griechenfreunden) werden und ihr Kampf mit uns zum Stein, an dem man zum Fall kommt.

69, 27: „Füge Schuld zu ihrer Schuld". Das gleicht jenem: „Wenn ihr Lust habt am Rauben, sollt ihr beraubt werden" (Jes. 33, 1). (Es heisst:) Wie jene Unrecht gethan haben an uns ohne Grund, so lass an ihnen gethan werden durch die Hand anderer. Und nicht mögen sie sich erfreuen an den Gütern, die du bereit bist, denen zu geben, die dich lieben, gebührender Weise und wie sie's verdienen.[1] Wiederum: Nachdem sie von den Macedoniern verächtlich behandelt und von ihnen bedrängt worden sind, füge ihnen eine andere Heimsuchung zu, sintemal sie Frevler sind.

69, 28: „Sie mögen ausgelöscht werden aus (dem Buche)". Die Juden haben die Gewohnheit, dass sie die Namen derer, die sich auszeichneten, gleichsam zur Anspornung der Menge aufzeichneten, wie auch wir in der Kirche thun. Dies sagt er, damit sie nicht zur Aufzeichnung gesetzt werden mit den Gerechten nach ihrem Tode.[2]

69, 31: „Ich werde dem Herrn besser gefallen". (Es heisst:) Es ist Gott angenehmer das Dankopfer, das mit Worten dargebracht wird von der Bereitwilligkeit, als auserwählte Opfer fetter Tiere, Huftiere ohne Hörner.[3] Der Grieche: „Ich werde Gott besser gefallen als ein junges Kalb, das Hufe und Hörner ansetzt."

---

[1] Dieses Citat ist aus Theodor. Es lautet bei Th[b]. fol. 89 b, Zeile 12 ff.:

ܘܗܝ ܠܘܬ ܕܡܬܩܪܐ ܕܡܗܝ ܚܠܝܦܐ ܘܐܣܝܪ. ܠܗ ܚܠܡܝܗܝ ܘܐܚܠܡܗ ܗܝ. ܗܠܘ

ܕܗ ܗܘܡܗܚܠܡܬܘ ܐܦ ܘܠܝܚܥܗܠܝ. ܬܚܠܝ ܚܐܪܒܥܠܘܗܝ. Nur etwas kürzer Barhebr. fol. 165 b, Zeile 7 f. ܗܘܡܗ ܚܠܡܝܗܝ. ܠܗ ܚܠܡܝܗܝ ܘܠܚܠܝ ܐܣܝܪ ܗ ܐܥܨܐ ܠܗ ܘܗ ܗܝ ܠ ܐܚܠܝܗ; und dann folgt das Unterstrichene.

[2] Sachlich dasselbe Th[b]., fol. 89 b, Zeile 15 f.: ܠ ܘܢܬܥܘ ܗܚܡ

ܬܣ ܗܣܡܗ ܘܝܠܡܗܐ ܚܐܕ ܚܠܡܝܠܐܒܝ.

ـحـᐧᐧᐧـﺔﺍﻠ   fol. 307a
<hr />

1 L '.

2 L ohne Sĕyâmê.

3 So L, dagegen Syr. hex. .

4 So L, dagegen Syr. hex. stellt die letzten beiden Worte um und
schreibt: .

<hr />

3 Bei Th[b]. fol. 90a, Zeile 1 f. kürzer:
. Noch kürzer Barhebr.
fol. 165b, Zeile 10f.:

Psalm LXXII.

Diesen Psalm deuten einige zum Teil auf Salomo, zum Teil auf unsern Herrn; eine lächerliche Auffassung, dass nämlich mit der messianischen Weissagung Dinge eines bestimmten Menschen vermischt seien, wie bei Brüdern, die gleichmässig die Ehre teilen. Denn auch wenn im Psalm zwei oder drei Worte vorkommen, die wegen ihres Umfanges über Salomo hinausgehen, so ist das der Gewohnheit der Prophetie nicht fremd, wie auch über Hiskia und Serubabel von den Propheten grosse Dinge gesagt worden sind, die über ihre Grösse hinausgehen. Wenigstens sind die Worte dieses Psalms viel geringer und bedeutungsloser als die Worte, die an den andern Stellen über unsern Herrn gesprochen sind. Auch hat weder unser Herr noch einer von den Aposteln die Worte dieses Psalms gebraucht, während sie doch die andern Worte, allein wegen der Ähnlichkeit der Thaten, zum Zeugnis über unsern Herrn heranziehen.

72, 1: „Gott gieb dein Gericht dem Könige u. s. w." Das bat auch Salomo[1] von Gott, dass er ihm die Weisheit gebe, das Volk zu leiten und zu richten in Gerechtigkeit u. s. w. (1 reg. 3, 9 und 11). „König und Königssohn" nennt er den Salomo gemäss jenem: „Dein Knecht und der Sohn deiner Mutter" (Pslm. 115, 16) und dem Übrigen, das dieser Art ist.

72, 3: „Die Berge" nennt er die Königreiche der Völker.[2]

72, 5: „Man möge dich fürchten mit der Sonne und vor". Gross sei seine Herrschaft und der Ruhm

---

[1] Auch Th[b]. fol. 92b, Zeile 6 und Barhebr. fol. 165b, Zeile 17 deuten auf den König Salomo.

[2] Dieselben Worte (ܡܠܟܘܬ̈ܐ, ܕܥܡ̈ܡܐ) Th[b]. fol. 92b, Zeile 9f. und Barhebr. fol. 165b. Zeile 19.

ψ 72.

 fol. 307 a, 27

. fol. 307 b

---

[1] L .   [2] So L, dagegen Lee lässt ausfallen.

seiner Herrlichkeit überall, wo die Sonne ist und leuchtet. Und gleich dem Monde und der Sonne möge er verherrlicht werden. Jenes: „Geschlecht der Geschlechter" (bedeutet) lange Zeit. Jenes: „Vor der Sonne und vor dem Monde" ist nicht von der Vorzeit gemeint. Wie hätte er sonst damit verbinden können jenes: „Geschlecht der Geschlechter", welches auf die Zukunft weist. Und wie hätte er für die Vergangenheit beten können. Und bevor der Mond geschaffen wurde, wer hätte Gott fürchten sollen? Vielmehr bezieht sich jenes: „Vor der Sonne und dem Monde" auf die sichtbare Welt vor ihm, cfr. jenes: „Herr, vor dir ist all ihre . . . ." (?) und „das Schaubrod, das vor dem Herrn" (Exod. 35, 13 und 40, 23) und „Ich, ich, Gabriel, der ich vor Gott stehe" (Luc. 1, 19) und „Vor dem Herrn, der da kommt, zu richten (die Erde)" (Psalm 96, 13). So auch hier jenes „vor" (bedeutet) vor dem Angesicht und dem Antlitz der Sonne und des Mondes. Wiederum jenes: „Es mögen dich fürchten u. s. w." bedeutet: Es mögen dich rühmen die Weisen und es mögen dich rühmen alle Geschlechter der Welt, unter denen die Sonne als Grenzzeichen dient, das auf ihr (der Welt) errichtet ist. Wiederum: „Vor dem Angesicht und Antlitz des Mondes", denn auch der dient als Grenzzeichen, das auf ihr errichtet ist. Der Hebräer: „Man möge sich fürchten vor dir, so lange die Sonne (scheint)". Der Grieche: „Er möge bleiben mit der Sonne". Andere: Die Sonne nennt er das Königreich Salomos in seinem Anfang cfr. jenes (Wort) über den Assyrer: „Noch steht der Tag d. i. die Sonne in Nob" (Jes. 10, 32) d. h. sein Königreich und seine Heeresmacht u. s. w. Und Mond nennt er eben dieses Königreich Salomos wegen seines Endes, das heisst, dass sein Königreich, als er (Salomo) sich von der Liebe zu Gott abgewandt

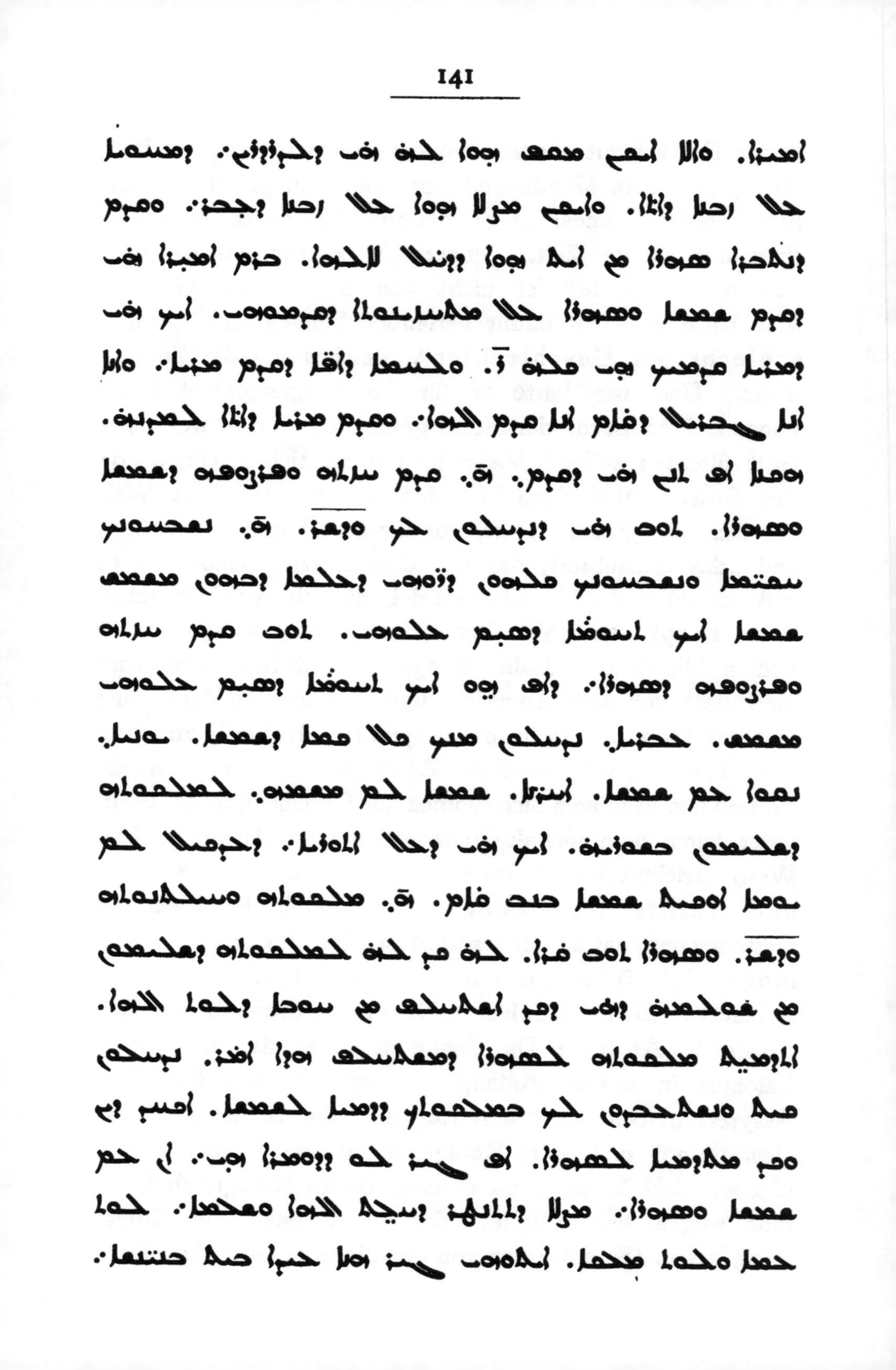

hatte, dem wechselnden Monde glich. Er meint (also) dies: Sie mögen sich fürchten und sich dir unterwerfen in deinem Königreich, das der Sonne gleicht, zugleich aber auch wenn es dem Monde gleicht. Denn auch das ist nichts Wunderbares, wenn er betet, dass mit der Sonne und dem Monde Gottesfurcht und Friede dem Volke und dem Könige erhalten bleibe. Es besteht nämlich die Gewohnheit unter den Menschenkindern, dass sich die Worte der Segnungen in dieser Weise ergiessen.

72, 6: „Es möge herabsteigen" seine Lehre und Weisheit auf das Volk „wie der Regen auf das Fell" der Erde[1], welches willig das Wasser des Regens aufsaugt. Wiederum: Wie das Fell, das das Wasser des Regens willig aufsaugt, so möge auch er (Salomo) wegen seiner Milde dem ganzen Volke angenehm sein „und wie der Tau, der auf die Erde herabsteigt" und sie zubereitet, dass sie viele Früchte giebt.

72, 7: „Es möge sprossen in seinen Tagen die Gerechtigkeit" dadurch, dass er das Volk durch seine Lehre ermahnt, die Früchte der Gerechtigkeit und der Gottesfurcht zu geben.

72, 8: „Er möge herrschen vom Meer u. s. w." Nicht, dass er so als König geherrscht hätte, sondern wegen des Ruhmes seiner Weisheit[2] wird er gepriesen bei vielen und man bewundert ihn wie einen grossen König.

72, 14: „Und es wird für ihn beten allezeit". Er redet von der Hingabe und Liebe des Volkes gegen ihn, dass es nämlich aus grosser Liebe zu ihm „für ihn beten und ihn segnen wird" wegen seiner gerechten Gerichte u. s. w. Denn wer wollte die Schmähung aussprechen, dass unser Herr der Fürbitte der Gläubigen bedürftig wäre, er, der seine Güter über das menschliche Geschlecht ausgiesst. Der Grieche: „Und sie werden für ihn beten allezeit."

 fol. 308a
---

¹ Bei Th^b. fol. 92b, Zeile 17 f. lautet das Ganze also:
. Barhebr. fol. 167a,
Zeile 1 f. hat das Unterstrichene und dann fährt er fort:
² Sachlich dasselbe Th^b. fol. 93a, Zeile 4 u. Barhebr. fol. 167a,
Zeile 6.

72, 15: „Es möge sein, wie die Menge (des Ge-
treides auf dem Felde) und auf dem Gipfel u. s. w."
So möge das Volk in seinen Tagen reich werden an allen
Gütern, nach der Ähnlichkeit des guten Bodens, der viel
Getreide trägt. Und auch die Söhne, die von ihm kommen
mögen durch Ruhm und Ehre erhöht werden wie die
Cedern des Libanon, die durch ihren Wuchs herrlich sind.[1]
„Es lasse hervorgehen aus seiner Stadt" Gerechtig-
keit und Gottesfurcht „wie Kraut" viel und reichlich, das
zur Frühlingszeit hervorkommt.[2]

72, 16: „Und sein Name sei ewiglich und vor
(der Sonne)". So lange die Erde steht, bleibe sein Name
und sein Ruhm und seine Weisheit.[3] Denn auch seine
Schriften und seine Weisheit bleiben ewiglich. „Es mögen
alle Völker mit ihm sich beglückwünschen". Ha-
nâna: Die Stämme nennt er „alle Völker". >>Mit ihm
wird man einander beglückwünschen (indem man sagt):
Gott mache dich wie Salomo.[4] Aber ich sage: Auch
wenn diese Worte zu ihrer Zeit über Salomo gesprochen
wurden, so tragen sie doch (erst) in Christo die wirkliche
Erfüllung, was auch von andern Stellen in den Propheten gilt.

Psalm 45.

Die Juden beziehen diesen Psalm auf Salomo und die
Tochter des Pharao, obgleich sie nicht einmal das behaupten
können, dass die Verherrlichungen Salomos und seines
Weibes „schöne Worte" gewesen seien. Zugleich aber und
unaufhörlich leiten sie die Stichen von Salomo (als Dichter)
ab. Wiederum: Indem dass er auf Gott die Worte Davids
bezieht, sagt der Grieche für „sprudelte" „es sprudelt
und ich sage".

---

[1] Dieser letzte Satz ist ein Anklang an Th[b]. fol. 93 b, Zeile 5 f.:
ܡܚܒܛܐ ܪܘܠܦܐ ܐܬ݂ ܢܥܡܣ ܘܐܠܒܝܗܘܢ ܚܬ݂ܠ ܘܡܚܠܟܝ ܡܢܗ . ܐܡܪ ܐܢܚܕ ܘܝܚܣܝ ܚܠܐܝܐ

ψ 45.

 fol. 295 a, 20
---

[1] L mit Sĕyâmê.

Barhebr. fol. 167a, Zeile 20 drückt dasselbe also aus:
[2] Von >> an wörtlich so Th[b]. fol. 93b, Zeile 7 ff. Nur bemerke,
dass dort „viel und reichlich" ausgelassen ist.

[3] Wörtlich so Th[b]., fol. 93b, Zeile 12. Nur ist dort
ausgelassen.

[1] Fast wörtlich so Th[b]. fol. 93b, Zeile 14 f. und Barhebr. fol. 167b,
Zeile 2 f.: .

45, 1: „Meine Werke gelten dem Könige".
„Seine Werke" nennt er seine Prophetie, wie ja auch
der Apostel die Lehre und das Episkopat Werke nennt:
„Derjenige, dessen Werk verbrennen wird, der wird
Schaden leiden" (1 Cor. 3, 15) oder: „Seid ihr nicht
mein Werk in meinem Herrn?" (1 Cor. 9, 1) und „derjenige, welcher das Ältestenamt begehrt, (begehrt) ein
gutes Werk". (1 Tim. 3, 1). „Dem Könige" das ist
aber Christus. Die Worte der Prophetie, so heisst es,
will ich wie Gaben und Geschenke dem Könige Christus
darbringen. Ḥanânâ aber liest: „Die Werke des Königs"
Und in alten Manuskripten, so heisst es, steht der Buch-
stabe Lamed nicht, im Syrer und zwar aus der Auffassung
des Griechen wurde er hinzugefügt. D. i. ich will die
bewundernswerten und herrlichen Werke seines Heilswaltens
an uns erzählen. Und wie wenn einer fragt: Woher bist du
geneigt(?), die Werke dessen zu besingen, der doch bis jetzt
verborgen ist?, giebt er die Antwort: Meine Zunge ist das
Rohr des Schreibers. Der heilige Geist, so heisst es[1],
welcher der schnelle Schreiber ist, von dem alle Lehren
hervorsprudeln, der hat meine Zunge wie ein Rohr ergriffen
und er bringt statt der Tinte die Einsicht auf sie und mit
ihr (der Zunge) prägt er (der heilige Geist) die Namen, die
da zur Grösse Christi passen. Und man wisse, dass diese
drei ersten Verse Vorwort und Proömium sind. Der Anfang
seiner Lehre aber ist:

45, 2: „Schön ist er in seinem Angesicht u. s. w."
Das ist aber kein Gegensatz zu jenem Worte des Jesaias
(53, 2 f): „Er hatte keine Gestalt, der Verachtete und Geringe
unter den Menschen". Denn das ist über seine Passion
gesagt, dieses aber über die Grösse seines Werkes und

---

[1] Auch Th[b]. fol. 56 b, Zeile 14 f. und Barhebr. fol. 147 a, Zeile 10
deuten den schnellen Schreiber auf den heil. Geist.

 fol. 295 b
---

seines Vermögens u. s. w. „Barmherzigkeit ist ausgegossen". In reichem Masse setzt er die Hausgenossen und
Fremden in Staunen durch seine Lehren und durch Worte,
die Barmherzigkeit den Sündern durch seine eigene Macht
verheissen. Und weil es Widerspenstige gab, die der Lehre
seines Evangeliums widerstrebten, und es nötig war, dass sie
durch plötzliches Gericht unterjocht und seiner Herrschaft
unterworfen wurden, spricht er:

45, 3; „Lege das Schwert (um deine Hüften),
deinen Glanz und deine Herrlichkeit" (Es heisst:)
Rüste dich wie der Krieger mit furchtbarer Strafe gegen
die Feinde; und besonders möge deine Herrschaft gestärkt
werden gegen die Hausgenossen und in aller Augen mögest
du herrlich, ruhmreich und siegreich erscheinen.[1]

45, 4: Dieses „Deine Herrlichkeit und deine
Herrlichkeit" sagt er doppelt, weil zu vielen Malen der
Verklärte gesehen wurde nach der Passion. (Es heisst:)
Weil du den doppelten Tod überwunden hast, hast du sie,
die Herrlichkeiten, davongetragen, die der Passion vorher-
gingen.[2] „Er ist dahingefahren für das Wort". (Es
heisst:) Für das Wort der Wahrheit, die er verkündigt
hat, und für die Demut, die er gelehrt hat, ist er auf das
Kreuz gekommen.[3] Wiederum: Du bist (heisst es,) auf
das Kreuz gekommen wegen des Evangeliums des Himmelreiches. „Dein Gesetz in der Furcht". (Es heisst:)
Durch die Gottesfurcht, die du bekennst und durch die
Hülfe des Himmelreiches hast du dein Gesetz reichlich
ausgestattet mit Zeichen und Kraftwundern. Wiederum

---

[1] Dieses Citat steht nicht bei Th[b]. dagegen Barhebr., der fol. 147 a,
Zeile 15 ܠܡܣܐ mit ܐܠܐ ܪܥܝܐ; ܥܠܝܡܐ interpretiert, erinnert hier an
Išô'dâdh.

[2] Sachlich dasselbe Th[b]. fol. 57 a, Zeile 3 ff. und Barhebr. fol. 147 a,
Zeile 16.

---

1 So L, Lee dagegen .

2 L .

3 L .

---

3 Dasselbe, aber etwas paraphrasiert Th[b]. fol. 57a, Zeile 5 ff.:
. Barhebr. fol. 147a, Zeile 18 f. also:

anders: Nicht bedarfst du (heisst es) der Hülfe anderer, sondern in der Kraft und Stärke deiner Person besiegst du alle deine Feinde und niemand kann eins deiner Gebote aufhören machen. „Dein Gesetz in der Furcht" d. h. in der Kraft „deiner Rechten" und durch deine Wunder und Lehren bestätigst du von deinen Gesetzen[1], dass sie in Furcht vor der Hölle u. s. w. und nicht in Verachtung gehalten werden müssen, d. h. die Hölle ist zugedacht worden denen, die sie (die Gesetze) nicht halten, und das Königreich denen, die sie halten.

45, 5: „Deine Pfeile sind scharf" im Herzen der Feinde des Königs und die Völker sollen sich ihm unterwerfen. So nämlich ist die Ordnung der Stichen. „Die Feinde des Königs" d. h. deine Feinde, o König, seien diese nun Dämonen oder Menschen, wie es ja auch die Juden[2] traf nach seiner Himmelfahrt. Und damit du nicht denken mögest, dass er erst jüngst — und zwar usurpatorisch — die Königsherrschaft ergriff, spricht er:

45, 6: „Dein Thron, o Gott u. s. w." „Ein einfaches Scepter" d. h. ein gerades, an dem keine Unebenheit ist, in deinem Königreich.[3] Und weil die Könige das Scepter, das heisst den Stab von Gold zu halten gewohnt sind in ihren Händen, gleichsam zum Zeichen der Geradheit und Majestät ihrer Herrschaft, so spricht er auf diese Weise auch von ihm: Entsprechend der Einfachheit deines Wesens ist auch die Geradheit deines Königtums. Und dann erinnert er an seine Menschheit und spricht:

---

[1] Barhebr. erinnert hier an Išôʿdâdh, wenn er fol. 147a, Zeile 21 schreibt ܣ. ܚܠܡ̇ܕܛܝ ܡܠܗ̇ܝ ܐܝܟ ܡܥܡܥܬܝ. Dagegen bei Th[b]. fol. 57a, Zeile 8 ff. sind diese und die vorhergehende durch „Wiederum anders" eingeleitete Glosse zu einer zusammengeschmolzen. Er schreibt: ܩܕܡܣܥܡ ܚܡܣܟܠܐ ܝܡܥܡܥ ܡܥܗ̇ܝܐ (sic) ܚܕܠܚܠ ܚܠܡܚܕܠܐ ܣܝܠܠܐ ܘܨܚܕ ܐܝܠܐ. ܘܠܐ ܡܨܚܠܝܚ ܐܝܠܐ ܚܘܡܠܐ ܠܠ ܐ݂ܩܘܕܝ ܘܐܣܠ.

1 L .

2 So L, doch Baethgen l. c. p. 72 mit Recht .

---

2 Auch Th[b]. fol. 57a, Zeile 12f. und Barhebr. fol. 147b, Zeile 2
weisen hier auf die Juden und ihre Heimsuchung durch die Römer.

3 Th[b]. fol 57b, Zeile 1f.:
. Barhebr. fol. 147b, Zeile 7 hat nur das Unterstrichene.

45, 7: „Du liebtest die Gerechtigkeit u. s. w."
Dies Beides aber, seine Gottheit und Menschheit, bezieht
der Prophet gleichsam auf eine Person, zum Bekenntnis
der unzertrennlichen Einheit, die ihnen war.[1] Er liebte die
Gerechtigkeit und hasste die Bosheit, deshalb hat ihn Gott ge-
salbt" d. h. hat sich mit ihm vereinigt Gott, der Logos. Aber,
(so kann man einwerfen), es fand doch die Vereinigung zu-
gleich mit dem Entstehen des Fleisches im Mutterleibe statt.
(Antwort: Ja!) Aber das ist die Gewohnheit der heiligen
Schriften und besonders des Hebräers, dass sie (etwas) als
Ursache setzen, obgleich es nicht Ursache ist, und an Stelle der
Ursache das setzen, was aus der Ursache geboren wird
cfr. „damit du gerechtfertigt werdest in deinem Worte"
(Psalm 51, 4). Jenes: „Gott, dein Gott" (ist) wie jenes:
„Mein Gott und euer Gott" (Joh. 20, 17). Jenes: „Vor
seinen Genossen hat er ihn gesalbt", weil die im
Gesetz mit jener aus vier Dingen gemischten Salbe gesalbt
wurden, er aber mit dem heiligen Geist, wie oben gesagt.
Und es ist bekannt, dass das über unsern Herrn gesagt ist,
weil Niemand im Gesetz mit einer Salbe gesalbt wurde,
die besser gewesen wäre, als die seines Genossen. Einer
(Art) nämlich war die Salbe, mit der man gesalbt wurde.

45, 8: Mit „Myrrhe" deutet er auf seine Passion, auch auf
jene Einbalsamierung, die Nikodemus gleichsam zur Ehrung
jenes heiligen Leibes brachte.[2] Mit „Kassia" aber, das ist
Zimmt und mit „Stakte", d. i. Storax, deutet er auf den
herrlichen und balsamischen Geruch, der von seinem Leibe

---

[1] Nach Lietzmann l. c. pag. 5 sagt Theodor im Cod. Coislianus 12
zu dieser Stelle: θαυμαστῶς ἡμῖν καὶ τὰς φύσεις διεῖλε καὶ τοῦ προσώπου τὴν ἕνωσιν ὑπέδειξε. Beachte hier Išô'dâdhs Abschwenkung
zum Monophysitismus.

[2] Sachlich dasselbe Th^b. fol. 57b, Zeile 14 f.: ܡܢܕ ܕܝ ܚܘܒܐ ܡܣܒܪ ܠܝܩܪܐ
ܕܗܘ ܕܢ ܐܝܠ ܠܐ ܣܝܡܘܢܣ.

 fol. 296a .[1]

¹ Von mir aus Lee ergänzt, Ms. hat eine Lücke.
² L .

und von seiner Passion ausgeht. Denn es duftete von ihnen
lieblich der Duft auf dem ganzen Erdkreis. „Ein Wohlgeruch
sind wir durch Christus" (2 Cor. 2, 15). >> Er nennt aber
seine Menschheit Kleid, dieweil seine Gottheit darinnen
war, wie ja auch der Apostel sie Vorhang nennt.[1] „Durch
den Vorhang, welcher sein Fleisch ist" (Hebr. 10, 20). Auch
David nennt nach dem Hebräer und Griechen seine Menschheit Leib. (Er sagt:) „Mit dem Leibe hast du mich bekleidet"
für jenes: „Ohren hast du mir gegraben" des Syrers (Psalm
40, 6), welches (erstere) vergleichender Weise der Apostel
(Hebr. 10, 5) anführt. Jakob aber (sagt): „Er wird sein
Kleid im Weine weiss machen und im Blute der Trauben"
(Gen. 49, 11). „Deine Kleider" aber sagt er und nicht
„Dein Kleid" d. h. alle Glieder deines Leibes.[2] Einer von
den Kirchenlehrern hat also ausgelegt: Myrrhe und
Kassia und Stakte, die alle dufteten, sind die drei Tage im
Grabe, deren Duft überall duftete. „Aus vornehmem
Hause" d.h. von mir, Gott, >>erfreuten dich, Christus,
alle Völker, die da Tempel bauen auf deinen und deiner
Zeugen Namen.[3] >> Von einem Tempel aber weist der
Syrer auf viele hin.[4] Der Hebräer liest statt „vornehm"
„elfenbeinerne Paläste". Auch der Grieche: „Aus
elfenbeinernen Palästen, aus welchen Königs-
töchter dich erfreuten zu deiner Ehre". Andere:
Wenn du auferstanden bist von den Toten und aufgefahren
gen Himmel und erkannt als der Sohn Gottes, werden viele

---

[1] Sachlich und unter Wortanklängen dasselbe Th[b]. fol. 57 b, Zeile 16 ff.:
ܠܚܩܡܝ ܩ ܡܝܢܝ ܝܚܗ ܐܒܝ ܝܚܐܘܬ ܠܐܚܐ ܡܠܐ ܘܠܐܡܗܐ ܠܡܝܢ ܘܩܩܐܝ
ܡܝ ܢܐܬܠ.

[2] Das findet sich nicht bei Th[b]. wohl aber bei Barhebr., woselbst
wir fol. 147b, Zeile 18 lesen: ܡܠܝܒܡ ܠܚܩܡܗܝ ܩ ܒܘܪܡܬ ܡܝܢܝ.

[3] Von >> an wörtlich so Th[b]. fol. 57b, Zeile 20f. Nur lässt er
ܘܚܠܐ ܥܡ ܩܘܝܬܝ aus.

[4] Von >> an ebenso Th[b]. fol. 58a, Zeile 2.

 ‏fol. 296 b‏

---

¹ L .

² So L, dagegen Syr. hex. hat an Stelle der drei letzten Worte:

bereit sein, dich zu erfreuen mit Lobgesängen und Liedern, die sie vor dir spielen in den mit allerlei Gold und Edelsteinen geschmückten Kirchen, die deinem und deiner Zeugen Namen zu Ehren genannt werden, indem diese vorausdeutende Prophetie jedermann im Glauben an dich befestigt durch Weissagung über dein Heilswalten. Das sagt er nämlich mit jenem „von mir". Und von hier aus wendet er sein Wort zur Kirche und sagt:

45, 9: „Die Königstochter im Lobgesang". Von einer Königstochter deutet er auf viele, die da stehen und ihm lobsingen. Und wie er Christum König nennt, so (nennt er) die Kirche Königin, sowohl weil sie in heisser Liebe und wahrem Glauben mit dem Messias verbunden ward[1], als auch weil alle wahren Gläubigen in den Geist der Kindschaft getaucht wurden, der aus der Taufe kommt[2], wie auch Johannes (Joh. 3, 29) und der Apostel (1 Cor. 11, 3) Christum Bräutigam und die Kirche Braut nennen. Mit jenem: „Zu deiner Rechten" deutet er auf die Grösse der Ehre[3], die sie von der Gemeinschaft mit ihm (Christo) empfing. „Mit gutem Golde" d. h. mit der Gnade des Geistes[4] hat er sie geschmückt und ausgestattet mit erhabenen und mannigfaltigen Gaben, durch welche sie mehr glänzt, als alle Kleider, die durchwoben sind mit gutem Gold, das von Ophir kommt. Und deshalb unterrichtet er sie und rät ihr, was sie zu thun schuldig ist, damit sie seine Liebe zu ihr vergälte.

45, 10: „Höre, Tochter, u. s. w." Höre, (heisst es), die Stimme des Bräutigams und „siehe", was er um deinetwillen trug und „neige dein Ohr", zu hören seine

---

[1] Nur sehr wenig verkürzt bei Th[b]. fol. 58a, Zeile 10f.: ܐܝܟܢܐ ܕܘܠ ܠܚܝܐܠ ܗܢ ܩܫܝܫܐ ܗܒܐ ܣܠܩܠܐ ܠܥܒܕܐ ܚܘܣܒܝܠ ܠܥܒܕܐ ܐܝܟ ܗܢ. Auch Barhebr. fol. 148a, Zeile 1 deutet auf die Kirche, doch ohne sonstige Wortanklänge.

---

1 L .

2 So L, dagegen Lee: .

3 So L, dagegen Lee: .

---

2 Sachlich und unter Wortanklängen dasselbe Th[b]. fol. 58a, Zeile 5 f.:
3 Sachlich dasselbe Th[b]. fol. 58a, Zeile 8.

4 Derselbe Ausdruck „Gnade des Geistes" findet sich Th[b]. fol. 58a,
Zeile 14 und Barhebr. fol. 148a, Zeile 7.

Lehre[1] und beseitige von dir die Gewohnheiten des Götzendienstes, den deine Väter trieben[2], damit der König dich
rein finde und in Herrlichkeit dich teilnehmen lasse an allen
Freuden.

45, 11: Denn „er ist dein Herr, bete an“. Nicht
sollst du (heisst es), weil er sich zu seinem Leiden für
dich erniedrigte, die Ehre seiner Herrschaft verachten[3],
sondern wisse, dass er in Wirklichkeit „dein Herr“
ist und vergilt ihm mit Anbetung als dem Schöpfer des
Weltalls.

45, 12: Von „Tyrus“ aber, die durch Reichtum und
Glanz berühmt ist[4], deutet er auf alle Gepriesenen und
Ausgezeichneten unter den Völkern.

45, 13: „Alle Herrlichkeit dieser Königstochter
ist innerlich“ und nicht äusserlich, wie bei der Tochter
Israels, womit er sagt, dass sie ihre Seele an den Bräutigam
hängt (denn sie, ihre Seele, nennt er ihre Herrlichkeit) und
nicht mit äusserer Schönheit des Angesichts, welche für
hässliche Dinge eine Hülfe ist, so wie auch die Herrlichkeit,
die er ihr gab, nicht Schmuck des Leibes ist, sondern — als
Gnadengabe des Geistes — welche die Seele weise macht.[5]
„Und geschmückt ist ihr Kleid“. Er hat sie angefüllt
mit der Gnadengabe des Geistes[6], mit deren Hülfe sie
imstande ist, die Tugend zu vollenden.

---

[1] Dieses ganze Citat genau so bei Th[b]. fol. 58a, Zeile 19ff., der
Schluss auch bei Barhebr. fol. 148a, Zeile 13.

[2] Th[b]. fol. 58b, Zeile 3f.: ܘܐܒܝܡܘ ܡ ܚܒܪܬܝܗܘ ܡܪܘܚܬܠܐ ܡ ܡܨܝܚܝ
ܠܚܥܡܠ ܣܝܐܘܗ ܠܝܡܝܡܐ.

[3] Dieses Citat ist aus Theodor und lautet Th[b]. fol. 58b, Zeile 10f.:
ܠ ܐܪ̄ܒܚܝܠ ܡ ܡܝܒܠܗܠ ܝܣܡܘ ܘܗܚ.   Bei Barhebr. fol. 148a Zeile 18 heisst es:
ܠ ܐܪ̄ܒܚܝܠ ܡ ܡܘܚܡܠ ܝܣܡܘ ܘܗܚ.

[4] Ähnlich Th[b]. fol. 58b, Zeile 11f.: ܡܪܘܚܠ ܡܒܝܣܐ ܚܡܣܝܐܠ ܠܚܝܒܚ ܘܗܝ
ܠܝܠܝܡܝܚܘ ܐܪܠܚ ܚܚܡܠ.

---

[1] L nur .　　　[2] L .
[3] So L, dagegen Lee .
[4] L .　　　[5] L .

---

[5] Sachlich dasselbe Th[b]. fol. 58b, Zeile 18f. und Barhebr. fol. 148a,
Zeile 21, indem beide schreiben: .　Wenn aber
Barhebr. Zeile 22 folgen lässt: , so erinnert er
ohne Frage mehr an Išô'dâdh, als an Th[b].

[6] Sachlich dasselbe Th[b]. fol. 59a, fol. 1f. und Barhebr. fol. 148b,
Zeile 23, indem beide schreiben: .

45, 14: „Sie werden bringen" geht auf die Reichen des Volkes, d. h. die Gepriesenen und Ausgezeichneten der Welt begehren die Herrlichkeit der Kirche zu sehen und bringen ihr ihre jungfräulichen Töchter dar mit Gaben und Geschenken, die ihr Nutzen bringen. Und indem er andeutet die Geschenke, die sie darbringen, spricht er: „Und sie werden Jungfrauen bringen (ihre Genossinnen)." Nicht etwas, (heisst es), das ausser ihnen ist, bringen sie, sondern sie selbst bringen als Gabe ihre Jungfrauschaft.[1] Denn auch im Gesetz wurden jungfräulich die Tieropfer dargebracht. Schöner als sie (die Jungfrauen) alle ist nach seinem Zeugnis die Jungfräulichkeit, sintemal sie alle Tugend des Asketen u. s. w. übertrifft, sie, die von Alters her schwer zu beobachten war, wie ja auch zur Überwindung der Gerechten ein Weib genügt. Nach der Offenbarung unseres Herrn aber halten nicht allein die Männer, sondern auch schwache und zarte Weiber ihre Jungfräulichkeit. >> Auf den Stand der Frauen aber hat er die Jungfräulichkeit bezogen, weil Keuschheit und Milde ihnen besser ansteht, als den Männern. Er hat aber sein Wort geflochten gleichsam in Beziehung auf die Königin, mit der die Jungfrauen gehen[2], ihr zu Ehren, um in Allem die heil. Kirche gross zu machen.

45, 15: „Und werden kommen mit Freude und Wonne" d. h. sie freuen sich und jubeln, dass sie auf diesem schweren Wege der Jungfräulichkeit gehen, freiwillig und nicht gezwungen.[3] Und wenn der Lauf ihres Kampfes vollendet ist, „gehen sie ein in den Palast (des Königs)" d. h. in das Himmelreich, um mit ihm sich zu freuen gleichsam im Palast des Königs. Das ists, was

---

[1] Sachlich dasselbe Th[b]. fol. 59 a, Zeile 6 und Barhebr. fol. 148 b, Zeile 6.

 fol. 297a
---

[1] So L, dagegen Lee .

[2] L .

---

[2] Von >> an fast wörtlich so Th[b]. fol. 59a, Zeile 9ff., doch
folgende Reihenfolge der Worte:
[3] Sachlich dasselbe Th[b]. fol. 59a, Zeile 13 ().

Beihefte z. ZATW. VI.   II

unser Herr gesagt hat: „Diejenigen, die bereit waren, gingen hinein u. s. w."" (Matth. 25, 10).[1] Und nachdem er über die Jungfräulichkeit gesprochen hat, spricht er auch über die Priesterwürde.

45, 16: „An Stelle deiner Väter" o Kirche, — das sind die Priester aus Aaron und die heidnischen Priester und Beschwörer[2] — „werden dir deine Kinder treten"" wahre Priester, die aus dem Volke und aus den Völkern aufgestellt wurden.[3] Und von dem erhöhten Priestertum hat er hingedeutet auf alle geistlichen Gaben, mit welchen die Kirche geschmückt wurde. „Macht sie zu Gewaltigen auf der ganzen (Erde)" d. h. die Priester und die Lehrer, denen die Herrschaft über die Könige anvertraut wird. . . . .

---

[1] Sachlich dasselbe Th[b]. fol. 59a, Zeile 17 und Barhebr. fol. 148b Zeile 10, indem beide erinnern an die ܒܐܠܨܘܬܐ ܣܝܡܬܐ.

---

1 So L, dagegen Lee lässt dies Wort ausfallen.

2 L .

3 So L, dagegen Lee .

---

2 Diesen Zwischensatz haben wörtlich so Th[b]. fol. 59a, Zeile 18 f.
und Barhebr. fol. 148b, Zeile 11. Nur hat Th[b]. , für ".

3 Th[b]. fol. 59b, Zeile 1 f. also:
 und Barhebr. fol. 148b, Zeile 12:

Druck von W. Drugulin in Leipzig.

J. Ricker'sche Verlagsbuchhandlung (Alfred Töpelmann) in Giessen.

Ephemeris
für
semitische Epigraphik
von
Mark Lidzbarski.

Erster Band. — Erstes Heft.
(Seiten 1—108)

Inhalt:

1900.   Mit 18 Abbildungen.   5 Mark.

Erster Band. — Zweites Heft.
(Seiten 109—242)

Inhalt:

1901.   Mit 12 Abbildungen.   5 Mark.

Vgl. die Besprechungen in: Literarisches Centralblatt 1901 Sp. 164; Deutsche Litteraturzeitung 1901 Sp. 1045, 1902 Sp. 87; Revue sémitique 1900 p. 288; Revue critique 1900 II, p. 332.

Heft III, das Schlussheft des I. Bandes, erscheint im Sommer 1902.

Das I. Heft des II. Bandes wird sodann in Kürze folgen.